LE PONT-NEUF

Par FRANÇOIS BOUCHER
CONSERVATEUR-ADJOINT DU MUSÉE CARNAVALET

INTRODUCTION DE HENRI LAVEDAN
DE L'ACADÉMIE FRANÇAISE

ORNEMENTS DE JEAN-JULES DUFOUR

Tome I — LE PONT-NEUF DANS PARIS

A PARIS
Chez LE GOUPY, Éditeur

MDCCCCXXV

LE PONT-NEUF

Moreau (J.-M.) Le Jeune et Maréchal (C.-L.).
Le Pont-Neuf et la Samaritaine en 1778. (Coll. de M. David Weill.)

Pl..

LE PONT-NEUF

Par FRANÇOIS BOUCHER
CONSERVATEUR-ADJOINT DU MUSÉE CARNAVALET

INTRODUCTION DE HENRI LAVEDAN
DE L'ACADÉMIE FRANÇAISE

ORNEMENTS DE JEAN-JULES DUFOUR

TOME I — LE PONT-NEUF DANS PARIS

A PARIS

CHEZ LE GOUPY, ÉDITEUR

MDCCCCXXV

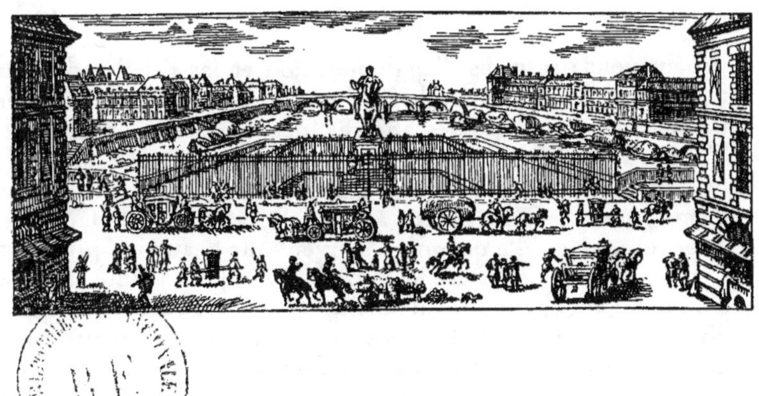

LE PONT-NEUF

I

à G. Lenôtre,
son ami H. L.

UN pont ne s'érige pas tout seul, et sans motif, en vertu d'un beau caprice, ainsi qu'on le voit, dans les contes de fées, enjamber un torrent ou surgir en une minute de l'onde à l'énoncé d'un mot cabalistique, ou au coup de baguette d'un génie. Il y faut de fortes raisons, accrues et grossies par le temps, pressantes d'évidence et de nécessité, qui en soient en quelque sorte les piliers d'origine et les assises morales, et qui l'établissent d'abord en principe et en esprit durant une période préparatoire avant d'en arriver au moment réel de la construction.

C'est dans le cerveau du civilisateur et de l'architecte qu'il doit en premier lieu se chercher et se trouver, se bâtir la veille. Qu'est-ce qui indique ces raisons, et puis les impose à l'heure qu'il faut? la nature du terrain, le cours du fleuve, le rapprochement des rives, l'agglomération et les besoins de leurs habitants, les incommodités de passage et d'approvisionnement, les exigences des affaires, des courses quotidiennes... Tel est l'ensemble impérieux des causes qui se massant, se faisant vis-à-vis de chaque côté de l'eau et s'y répondant au même endroit, commencent à créer le pont et à le lancer au point précis, qu'il n'occupera souvent que beaucoup plus tard.

Pour bien comprendre le Pont-Neuf et par la suite le posséder mieux, il n'est pas inutile de rappeler ce qu'étaient, au milieu du seizième siècle, les régions bordant la Seine dans cette partie de l'ancien Paris et encadrant la Cité. Cette dernière d'abord ne se présentait pas telle qu'aujourd'hui sous l'aspect d'un seul tenant, elle était composée de trois îles, dont une, la plus grande portait son nom, et de deux petites qui, à sa pointe, ont été longtemps séparées d'elle avant d'y être raccrochées pour former les terrains devenus ceux de la Place Dauphine et du Vert-Galant.

Sur toute la rive droite ce n'était, du Louvre à l'Arche Marion et aux Ponts Notre-Dame et au Change, qu'une suite de berges, désolées, plates, sans arbres ni maisons, sans vie apparente, sans même de vagues troupeaux à tel point l'herbe rare y était mauvaise et corrompue. Des landes semées seulement çà et là d'échoppes, de masures, de débris et d'immondices ; d'incultes étendues jamais fermes, toujours détrempées par les pluies, les crues de la Seine et les ruisseaux des nombreuses tanneries, venant y dégorger de loin leurs purées pestilentielles, vraie *Vallée de Misère* ainsi qu'on l'appelait dès la fin du quinzième siècle, espèce de dépotoir, sinistre et limoneux, aux verdâtres écaillures, troué de mares croupissantes et où cavaliers et véhicules n'osaient s'aventurer, en cas de force majeure, qu'aux risques de s'y embourber aussitôt et peut-être d'y périr. Le piéton lui-même était sûr d'y enfoncer, et jusqu'aux chausses.

Les cloaques de la nature attirent la lie humaine. Les seules rencontres qu'on pût faire, fût-ce en plein jour, dans ces affreux parages, étaient celles des tondeurs de bourses et des coupeurs de gorge embusqués là du matin au soir, ou y cuvant leur ivresse et leurs crimes dans un sommeil qu'il fallait bien se garder de troubler. Aucun secours, en cas d'attaque, à attendre de personne. On n'avait à compter que sur soi et son épée, et le fleuve était là, tout près, pour qu'on vous y jetât si vous étiez blessé, et pour vous servir de tombe si vous étiez mort.

Faire des signaux, pousser des cris n'avançait à rien. Seuls pouvaient distinguer les premiers et entendre les seconds, les rares passeurs dont les barques se découvraient mal, amarrées à de grandes distances sur l'une et l'autre rive, et d'ailleurs leur intervention n'était presque jamais souhaitable car la plupart, complices des assassins, ne se dérangeaient que pour leur prêter main forte et se partager avec eux les dépouilles de leurs victimes. Échappiez-vous aux coupe-jarrets, ces bateliers-assommeurs vous achevaient sans merci; autant que sous le poignard on tombait sous la rame.

S'il en était ainsi dans le jour, que dire de la nuit où tous les dangers se trouvaient décuplés par l'épaisseur des ténèbres? Aussi, défense était-elle faite aux passeurs de prendre personne après le coucher du soleil. D'ailleurs, dès le treizième siècle, la grosse chaîne aussitôt tendue sur le fleuve, de la Tour de Nesle à la tourelle du Louvre, arrêtait toute batellerie, et il en fut ainsi jusqu'au dix-septième siècle où deux chaînes de barrage existaient encore sur la Seine, l'une à l'Arsenal, l'autre à l'île Notre-Dame. Ces sinistres régions, plongées dans une obscurité encore plus complète que celle déjà si grande des rues du vieux Paris, devenaient alors le bouge de tous les malandrins qui savaient y être « chez eux » hors d'atteinte, assurés de l'impunité. Dans le profond et lugubre silence on n'eût jamais soupçonné, si on ne l'avait su, qu'ils pullulaient et rampaient là, en quête de vol, de meurtre, ou d'enlèvement. Quelques petites lumières apparaissant et disparaissant dans le lointain, malgré le couvre-feu sonné, la chute d'une pierre — ou d'un corps — trouant l'eau noire, un cri de douleur, ou d'adieu, déchirant l'air tout-à-coup, un rire atroce étouffant un sanglot, l'aboiement des chiens perdus se disputant des os aux pieds de la Tour de Nesle, le murmure de l'onde invisible et la plainte du vent, et puis de rauques voix d'hommes, des défis, des cliquetis de lames, voilà ce qui, par intervalles, se révélait seulement sur ces berges, la nuit. Aucun tapage de joie. Même quand tout semblait endormi et plongé dans la paix, on entendait, soudain, apportés par la brise avec une odeur de fauves, des rugissements et des beuglements qui glaçaient le cœur, ceux des lions, des ours et des taureaux enfermés dans les cages du Louvre où ils attendaient, pour le plaisir du roi, d'être tirés en lice à coups d'arquebusades ou de combattre avec des molosses devant les dames.

Telle était encore, à l'époque des Valois, la physionomie désolée de la rive droite de la Seine, tandis que, très différente, la rive gauche présentait depuis longtemps une ordonnance et un aspect à la fois riants et solennels, dont le contraste avec les tristes régions d'en face, accroîssait la beauté.

Au début du quatorzième siècle, en effet, les terrains en pente bordant la rivière dans cette partie qui forme aujourd'hui le quai des Augustins, n'étant protégés alors par aucun mur, se désagrégeaient tellement sous la fréquence des inondations, que le Roi Philippe-le-Bel avait donné en 1312 ordre d'y bâtir un quai de pierres de taille. Achevé deux ans après, ce quai, aligné dans son milieu à une suite de maisons déjà rangées là, le dos tourné à la Seine, offrait sur une longue étendue un superbe embellissement. Sans doute les prés fleuris et les saulaies bleues qui faisaient, l'été, de cet endroit, un lieu champêtre plein de fraîcheur, où venait s'ébattre le populaire,

Vue du Pont-Neuf, vers 1635. — (*Musée de Versailles.*)

avaient dû être sacrifiés, mais en revanche, les gens de qualité
y trouvaient l'avantage inattendu de vastes terrasses d'où
leurs hôtels étaient assurés d'une vue magnifique sur le fleuve
et tout le vieux Paris s'étalant au-delà, dressant ses clochers,
ses flèches, ses châtelets, ses tours d'église, la masse échi-
quetée de ses remparts, et celle plus haute de ses jardins, si
importants, et d'une si sombre épaisseur qu'ils semblaient çà
et là les derniers morceaux des forêts de Gaule enclavés et
prisonniers pour toujours dans leur enceinte de murailles; et
là aussi avaient été ménagées, devant ces somptueuses
demeures, les larges voies à gros pavés pour le tapage et la
fatigue des voitures, et les parapets profonds pour faciliter à la
fois les accoudements du promeneur et résister à la poussée des
foules, et les escaliers descendant à pic dans l'eau pour que
l'on pût s'y embarquer, s'y baigner ou y pêcher le poisson blanc.

Tout ce côté de la Seine, avec la suite en décor des majes-
tueux hôtels panachés d'ombrages, constituait donc le riche et
vrai Paris, le tout neuf, le bien habité, celui de la cour où ne
logeaient au seizième siècle que les nobles hommes, les grandes
et honnêtes dames de Brantôme, les financiers et les bourgeois
aussi cossus que vaniteux. Là, Dieu merci, on était loin de la
sordide rive d'en face qui déshonorait le paysage et les pensées, et où l'on n'eût, sauf nécessité, jamais abordé s'il n'y
avait eu, un peu plus loin, pour vous y aspirer à tout moment
de force ou de gré, le palais souverain des intrigues et des
désirs, ce centre magique des ambitions, cette autre et indispensable Cité, berceau de toutes les nouvelles, domaine héré-
ditaire et foyer mystérieux du roi, des reines, des princes,
des princesses... Le Louvre. Heureusement, de cette partie
privilégiée de la rive gauche, c'était lui surtout que l'on voyait.
Il prenait, il remplissait presque tout l'horizon, et grâce aux
bouquets d'osiers de l'île de la Cité comme aux feuillées de
ses îlots, la vallée de Misère se dérobait, pour les gens des
Augustins, sous une cape de verdure. Or, ce Louvre impérieux, combien devaient, coûte que coûte, qu'il plût ou qu'il

neigeât, s'y rendre en hâte et fréquemment?... Certains, chaque jour, et même plusieurs fois par jour.

On y allait.

Mais quel voyage! et quel temps perdu! A moins que l'on eût à toute heure un bac à son service, il fallait, par un fameux détour, en voiture ou à pied, traverser le Pont Saint-Michel, la Cité, le Pont-au-Change et prendre la longue rue Saint-Honoré pour aboutir enfin au Palais. En plein jour et en belle saison l'on s'en tirait. Mais le soir venu, en hiver, et même le restant de l'année, il était plus difficile encore, au sortir du Louvre, de retourner au quai des Grands-Augustins, que d'en venir pour atteindre la rive droite. A la nuit, rappelez-vous le, on ne passait plus en bateau et la route des ponts, prise sans danger le matin et l'après-midi, n'offrait, plus tard, en sens inverse, qu'une demi-sécurité; aussi les habitants des quais, gens de cour ou autres, que leurs affaires retenaient en face, s'abstenaient-ils le plus souvent de rentrer chez eux, quand ils en avaient été empêchés en temps voulu. Ils préféraient coucher au domicile d'un ami, ou chez quelque logeur de la rive droite.

Rédigées en bonne forme, toutes ces raisons, qui démontraient si puissamment l'indispensabilité, dans ces parages, d'un nouveau pont, furent exposées en 1356 au roi, un Henri, déjà! car la Destinée voulait que le grand projet fût conçu, entrepris et achevé par les trois Henri de nos rois, Henri II, Henri III et Henri IV. Les habitants du faubourg Saint-Germain et de l'Université qui avaient pris l'initiative de la demande, reçurent du roi le meilleur accueil et la promesse de tout son appui auprès du prévôt des marchands, dont la consultation dans ce cas spécial était obligatoire. L'emplacement du pont « entre le Louvre et l'Hôtel de Nesle » était déterminé, il semblait donc qu'aucun obstacle ne dût s'opposer au désir général. Mais la question d'argent, comme elle a coutume, vint tout gâter. Le roi voulait que les travaux fussent exécutés aux frais de la ville. Le prévôt s'émut, déclara la chose absolument impossible, étant donné le manque de ressources, et le projet discuté, ajourné, traîna..., et tomba dans l'eau.

Il devait y rester vingt ans.

Après que le coup de lance de Montgomery eût désarçonné et jeté en bière Henri II, que d'événements de toutes sortes, au cours de ces vingt années, étaient survenus, dont la Seine, à cet endroit précis qui nous occupe, avait été maintes fois le théâtre, ou du moins auxquels elle s'était trouvée, par la force des circonstances, étroitement mêlée!

Que ce fût pour une entrée royale ou une pompe mortuaire, une réjouissance ou un deuil public, massacres dans les rues, tueries de religion... le vieux fleuve y prenait part, en subissait le contre-coup, en reflétait les feux d'incendie ou de joie, en charriait les clameurs, les Noël! les cris de fête ou de mort. Ces impressions, ces échos, ces souffles puissants, ces brasiers de terre et du ciel, il les transportait tour à tour d'une rive à l'autre, il s'en faisait le passeur, il ramenait ainsi à sa surface, en ces jours déchaînés, la vieille idée du pont, et il en pénétrait continuellement l'esprit des Parisiens des deux bords, plus que jamais coupés et séparés par la barrière de ses eaux.

Quand toutes les cloches, soudain, cassaient l'air à grandes volées sur la rive droite qui se mettait à s'animer, à pousser des grondements inexpliqués, affreux..., et que les gens d'en face, étagés sur les quais, debout sur les parapets, voyaient, sans savoir ce qui arrivait, des soldats se ruer, des armes briller, des chevaux galoper, des fuyards tomber..., tous ceux qui auraient voulu courir là, mais que la distance et les difficultés d'accès, évidemment accrues, rebutaient aussitôt, pensaient : « Ah! le pont! Voilà! Si on avait le pont! » Que de fois, ces mots, ne les avaient-ils pas proférés, les habitants de ces deux Paris opposés, se regardant de si près par dessus le flot infranchissable et pourtant à leurs pieds! Ils les avaient tous dits, à droite comme à gauche, et selon que le grand bruit de l'événement venait d'ici ou de là. Ils les avaient dits pour les convois de Henri II et de François II, pour la bienvenue et le départ de Marie-Stuart, pour les cavalcades de Charles IX, pour les défilés et les processions, les Pâques et les mascarades. Quand, la nuit de la Saint-Barthélemy, vers Saint-Germain l'Auxerrois, secoué par le tocsin, et tout autour dans un large rayon, l'air avait retenti de hurlements de sabbat, de cliquetis, de chocs de fer, et que par endroits le ciel était tout rouge, et qu'il pleuvait des mèches de résine en flamme arrachées des torches par le vent, et que tous ceux des Grands-Augustins, du peuple et des hôtels, de Sorbonne et du Mont de Sainte-Geneviève, descendus en trombe et s'écrasant à hauteur de la tour de Nesle jusqu'en face du Louvre, entendaient, la main en cornet aux oreilles, les *Tue!* et les *A mort!* les cris aigus des femmes, des enfants, et qu'eux-mêmes, quoique loin du danger, vociféraient d'horreur..., tous, par minutes tentés de voler à cette mêlée dont ils devinaient la cause, et empêchés de le faire directement, ils s'étaient écriés alors : « Ah! le pont! le pont! S'il y avait un pont! » Ceux qui ne l'avaient pas dit, l'avaient au moins pensé. Et d'ailleurs, en dehors des grandes rafales d'épouvante ou d'allégresse qui leur imposaient, dans un élan, ce regret et ce désir du pont, du *leur*, n'en avaient-ils pas aussi quotidiennement, dans le paisible train des choses, éprouvé sur chaque rive le besoin de plus en plus formel? Le marchand, pour aller plus vite à ses affaires, le galant à ses rendez-vous, le moine quêteur à ses tournées, le soldat à sa taverne, et le courtisan au lever royal, tous ils le réclamaient, et cependant, durant ces années où à chaque saison il leur manquait davantage, et semblait à jamais leur avoir échappé, ils le gagnaient sans le savoir, ils le construisaient d'avance, ils en hâtaient la venue par la force de leurs souhaits, de leurs soupirs et mieux encore de leurs plaintes.

Aucun n'était plus capable que Henri III de les comprendre et de les exaucer.

Outre que ce Prince avait, comme l'eurent presque tous les grands souverains, la passion du magnifique et le goût de bâtir, il possédait le sentiment, instinctif ou raisonné, que, pour un roi, la création d'un pont, et dans Paris, dans sa grand'ville, était peut-être la plus superbe et la plus utile des choses, la plus propre à le bien servir, et à l'honorer. Sans doute l'édification d'une église pouvait paraître supérieure et de plus haute portée, mais une église, c'était pour Dieu... ou ses saints, tandis qu'un pont c'était pour *les hommes*, sans compter que d'ailleurs celui-ci devenait presque toujours, pour se rendre à celle-là, le plus court et le plus large et le plus noble des chemins.

Mieux que n'importe quel ouvrage, il forçait la postérité; il proclamait immortel celui qui l'avait commandé, plus sûrement qu'un portique où on l'eût appelé César! Ses piliers, robustes et bas, mais nombreux et plantés au cœur du fleuve ancestral, étaient plus forts, plus éloquents, plus commémoratifs que la plus orgueilleuse colonne dressée au milieu de la plus belle place. Il rabaissait tous les arcs-de-triomphe. Est-ce qu'avec la suite de ses arches il ne figurait pas, là, à la fois, trois, quatre arcs triomphaux, sur lesquels on marchait, et d'où on dominait plus altièrement qu'en passant dessous? Oui, le bienfait d'un pont glorifiait plus un bon roi de France que le gain d'une bataille ou d'une paix trop tardive et toujours éphémère; il perpétuait son nom plus dignement que l'érection d'une Bastille ou les tours d'un château décidé une nuit pour une favorite. Rien ne figurait mieux que lui la gentillesse et l'amour d'un père pour ses sujets, rien ne reliait plus solidement que lui, par ses anneaux de pierre, son règne à la chaîne de ceux qui l'avaient précédé et de ceux qui le suivraient. Et puis, un pont était durable et tenait plus longtemps que tout. Une fois posé, il conservait indéfiniment sa fonction, sa raison d'être. On n'y renonçait jamais. Les révolutions elles-mêmes qui s'attaquaient aux palais, le respectaient et le gardaient intact.

En plus de ces songeries, Henri III ne pouvait s'empêcher aussi de considérer tous les avantages personnels que de son

vivant il retirerait, à cause de sa proximité, de ce pont mirifique. A la perspective des étonnants départs de processions
qu'il pourrait s'offrir en Sainte-Semaine et le jour des Tré-
passés, à la tête de ses amis, tous en toile de Pénitents, il
était pris d'une espèce d'émoi convulsif et sacré ; il lui semblait
que le pont de ses désirs et de sa vanité se revêtait soudain
d'un caractère religieux. Il mettait alors à le vouloir d'autres
intentions cessant d'être profanes. C'était maintenant comme
l'accomplissement d'un vœu secret, où entraient beaucoup de
remords et l'idée de racheter par là ses péchés favoris. Tous
ces sentiments divers, y compris ceux qui touchent au mysti-
cisme, on peut hardiment les prêter sans folie, en cette circons-
tance, au prince imaginatif, étrange et fier, fastueux, aussi
dévot que corrompu, mais grand seigneur et royal en tout,
que nous a laissé son portrait. Il était dans sa nature et son
rôle de les avoir, et sûrement il les eut, tant ils étaient inséparables de son personnage. Point de doute qu'il n'eût été
possédé jusqu'au trouble par la hantise de ce pont car il ne pouvait concevoir un projet, un simple caprice qui d'abord ne le
mît en transes. Pour mieux agir ensuite et avec résolution il
avait besoin, avant, d'être tourmenté. Dans le futile comme
dans le grave, dans les plaisirs ou dans les travaux de l'Etat,
rien de grand ni de petit ne se faisait chez lui, sans affres ni
passion. Il aimait l'angoisse. Ainsi, soyons assurés qu'en se
voyant, par avance, et désespérément brave entre Quélus,
Maugiron, Schomberg et tous ses autres grands mignons, bien
frisés et fraisés, inaugurant ce pont d'amour dont il pensait
être et demeurer pour des siècles le parrain dans la recon-
naissance des hommes, il n'avait plus qu'une maîtresse idée,
le voir sortir de l'eau, en poser la première pierre, « en grande
pompe et accoutrements ».

Le temps en approchait.

La construction du pont, une fois décidée pour le soulage-
ment de ceux de Notre-Dame et au Change à la longue
ébranlés à menacer ruine, les difficultés de tout genre, ayant

Abraham de Verwer. — Vue du Pont-Neuf et du Louvre, vers 1630. — (*Musée Carnavalet.*)

PL. 3.

autrefois entravé les dessins de Henri II, avaient pu être aplanies. Les points d'où partirait le tablier sur la rive, étaient enfin fixés. Dès le début d'avril de cette année 1578 les travaux avaient commencé du côté des Augustins, dans le petit bras de la Seine. Le 24, on y fouillait déjà les fondements pour une pile. Henri III, tout fébrile et amusé, s'en faisait à chaque instant conter les nouvelles..., voulait savoir..., si les eaux, pour la commodité, demeuraient bien basses, si la chose allait vite et affleurerait dans le temps convenu pour la pose solennelle de la première pierre, environ la fin du mois de mai. On le lui avait garanti. Tout mordait. Le roi ne se tenait pas d'aise. Il se promettait à cette occasion une cérémonie, comme on n'en aurait jamais vue, en superbe appareil, avec danses, tournois, joutes et mascarades, et mille écus au moins donnés à Ronsard et à Baïf chacun, pour que là-dessus ils fissent des poèmes. Il allait, courait aux concerts, aux collations, chantait, pavanait, enfin tout en jarret, cambrure et convoitise..., quand le plus fâcheux accident, que nul n'aurait pu prévoir, le vint consterner.

Ce fut le dimanche, 27 avril, un peu avant la messe qu'il l'apprit. Ce même matin, à cinq heures, au marché aux chevaux, près de la Bastille Saint-Anthoine, trois de ses grands mignons, Quélus, Maugiron et Schomberg, pour vider une querelle, et de rien, avaient croisé le fer avec Antragues, Riberac, Livarot favoris de la maison de Guise, et si furieusement que Maugiron et Schomberg étaient restés sur la place, et Quélus vivant encore mais bien en peine et percé de dix-neuf coups... Ses mignons, ses trois plus chers, qu'il appelait ses perles! ses enfants! Le Roi en reçut un choc qui le jeta en rage et désespoir. Le pont! Ah! il n'en était plus pour lui question, jamais! Seule le rattachait au monde à présent la santé de Quélus qu'il avait fait porter du champ du combat à l'hôtel de Boissy où constamment il volait le soigner et caresser, ne pouvant plus, une fois là, sortir de son chevet.

Cependant le jour, quand même, arriva, qui avant tous ces malheurs, avait été marqué, le dernier samedi de mai, pour la pose solennelle de la première pierre. Bien que la mort de Schomberg et de Maugiron fût le 27 avril et qu'il y eût de cela plus de trois semaines, il faut croire que l'inhumation solennelle des deux défunts n'avait pas encore été faite, puisque, si nous nous en référons aux textes formels de Du Breul et de l'Estoile, c'est seulement ce dernier samedi de May qu'eurent lieu, presque ensemble, à quelques heures de distance à peine, la cérémonie des funérailles et celle du pont. Fatale et affreuse coïncidence, qui ne pouvait manquer d'ajouter à l'émotion de l'impressionnable qu'était le roi. Journée maudite! Car elle était loin de ce que naguère il l'avait rêvée! Pourtant, dès la minute où lui était tombée la foudroyante nouvelle, il y avait vu la marque du châtiment. Dieu le punissait, le frappait, et à dessein dans l'objet même des amitiés qui faisaient ses délices. Après la révolte il l'avait compris et accepté. Il ne se rebellait plus. Et c'est pourquoi, après s'en être un instant étonné, il trouva beau et de juste conséquence que les deux solennités, celle de l'église et celle de la Seine, tombassent le même jour, et si près l'une de l'autre, afin qu'ainsi fussent rendues plus sensibles à la seconde la perte et l'absence de ceux qui en auraient été, vifs et debout, le plus rare ornement et auxquels, las! la mort ne permettait plus d'assister, froids et couchés, qu'à la première.

Il sut faire aux deux fière contenance.

Ecoutant une voix intérieure, plus forte que sa peine, il ne suivit pas, comme il y avait pensé d'abord, le funèbre convoi. Un sentiment de dignité autant que le désir de s'abandonner en liberté à la douleur lui conseillèrent de rester au Louvre.

Mais du moins vit-il serpenter de ses fenêtres le sombre et long cortège, avec tous les honneurs; les archers de la garde écossaise et les piques pointe en bas, les tambours sonnant, voilés, les prêtres, les croix, les porteurs de cire, et sous des housses de velours aux armes de leurs maisons, les étroits cercueils des pauvres enfants, portés à bras chacun, en l'église Saint-Paul, où il avait commandé qu'ils fussent inhumés pour y reposer éternellement. Le reste de la journée, il le passa enfermé en son cabinet, sans recevoir personne, abîmé dans la prière et versant des torrents de larmes. Mais le soir quand on le vit, redevenu brave, apparaître au plein air avec mâle visage, à la sortie du Louvre, entouré des deux reines, Catherine de Médicis et Louise de Vaudémont, suivi des seigneurs et princes, évêques et cardinaux, on ne put s'empêcher, même ceux qui n'avaient pour lui que médiocre amitié, de l'admirer et de le plaindre.

Bien que le programme de la cérémonie, à cause du deuil où il était, fût réduit de beaucoup et qu'on en eût supprimé la danse et les mascarades, elle n'en gardait pas moins forcément un éclat nécessaire avec lequel contrastait la gravité du maître et de ceux qui autour de lui, par sincérité ou par politique, s'y conformaient.

Imaginons la scène, Henri III, vert de chagrin, pincé comme une guêpe en ses habits de toile d'or rayée de noir, avec au flanc une épée d'émail noir aussi et gros bleu, à sa ceinture son chapelet à têtes de mort d'ivoire et de cristal, et aux oreilles deux énormes perles couleur de plomb. Tassées sur les deux rives, quinze à vingt mille personnes. Tous, tendus, de loin ou de près, cherchent à voir le roi. Lui, comme absent, ne les voit pas. Le regard perdu mais la mine haute et le pied mince et ferme, il va, glacial, droit comme une baguette, de la toque aux souliers. Avec son cortège il monte dans la barque drapée et parée d'un dais à plumails qui le doit porter au quai des Augustins. Il s'y asseoit, à l'arrière, et sur un carreau élevé, où il semble être demeuré debout. Pendant la courte traversée, mais qu'il trouve longue, il contemple l'eau où flottent des chapeaux de fleurs jetés sur son passage, et il écoute avec mélancolie des musiques qu'il a voulues sans allégresse et lentes. Et puis, on aborde, et c'est le dur moment plus redouté qu'une bataille, celui où il lui faut oublier, sortir de ses tombeaux, pour faire figure. Il monte sur la plate-forme échafaudée près du pilier qui émerge à fleur d'eau. Le flot en lèche doucement les bords et parfois les recouvre. A côté, tout est prêt. On lui présente à genoux la truelle d'argent. Sans trembler, de sa main gantée de velours il l'empoigne à plein, comme une dague, et la plante au gras du mortier, dont il plaque ensuite une parcelle à l'endroit voulu où l'on jette en même temps des monnaies à son effigie. Enfin la lourde pierre est hissée et assise, et chacun peut voir que sont gravées dessus les armes du roi, de sa mère et de la Ville. Alors claquent les couleuvrines, les trompettes sonnent... Cloches, lachés d'oiseaux, le peuple acclame, crie : *Largesse!* Au bout des bras les bonnets volent comme des papillons, et Henri III, pour un instant déchagriné, sourit, aussi joyeux qu'il était à Jarnac. Mais ce n'est qu'un masque. Au dedans les pleurs lui coulent dans la gorge, et quand il plonge par moments ses doigts sous son pourpoint peut-être est-ce pour y toucher les cheveux de Schomberg et de Maugiron qu'il a fait couper sur leurs têtes et qu'il porte en un sachet, à même la peau, entre sa chemise de Chartres et le collier de ses médailles.

Ainsi vint au monde et fut baptisé le Pont-Neuf.

Mais existait-il au vrai?

Pas encore.

Si activement que furent poussés les travaux, les quatre premières piles ne commençaient, à la fin de l'année, que de

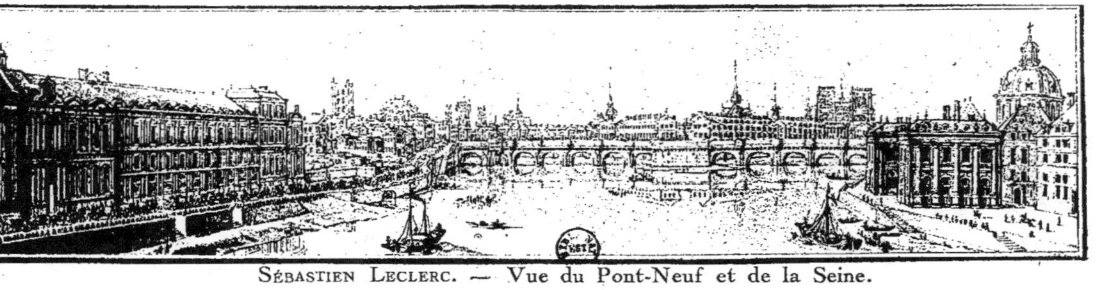

Sébastien Leclerc. — Vue du Pont-Neuf et de la Seine.

Jacques Callot. — Vue du Pont-Neuf prise de la Tour de Nesle.

surgir de l'eau. Six mois plus tard elles atteignaient l'imposte. A présent restaient à faire les arches et le tablier, sinon dans toute la largeur du fleuve, du moins, d'abord, depuis les Augustins jusqu'à l'île. Henri III ne pouvait attendre davantage. Malgré les tristes pensées lui remontant de ce pont que la voix du peuple avait autrefois nommé le Pont des Pleurs, ou plutôt à cause d'elles qui le lui rendaient plus cher, il était possédé du désir, comme s'il avait pressenti que le temps lui ferait défaut, d'en voir l'achèvement. La lenteur des travaux l'effrayait et l'irritait. Il n'y tint plus. En plein hiver, quoique le fleuve à moitié gelé roulât des glaçons, un pont volant en bois, qui devait aller d'une rive à l'autre, fut, par son ordre jeté hardiment sur les piles.

La raison de cette mesure n'était pas seulement l'enfantine envie qu'il avait de se procurer par avance l'illusion de l'ouvrage tel qu'il serait, une fois terminé ; c'était surtout la grande fête qu'il projetait de donner en l'honneur du nouvel Ordre du Saint-Esprit, et pour la complète ordonnance de laquelle il lui sautait aux yeux que, du Louvre aux Augustins, un beau chemin sur la Seine était indispensable.

En effet, ce fut là, sur ce pont improvisé, que le jour dit, au 1er janvier 1580, toute la cour, précédée du roi, passa pour se rendre en magnificence à l'église ; et les deux jours suivants, dura encore l'assemblée où le roi dîna et tint conseil avec ses nouveaux chevaliers. « *Ils étaient vêtus d'une barette de velours noir, chausses et pourpoint de toile d'argent, souliers et fourreau d'épée de velours blancs, le grand manteau de velours noir bordé à l'entour de fleurs de lis d'or et langues de feu, et des chiffres du roy de fil d'argent, tout doublé de satin orange..., et le grand collier, auquel pendait une grande colombe dénotant le Saint-Esprit.* »

Au cours des divertissements, pendant les goûters, même aux offices, Henri III ne put s'empêcher, comme à la pose des fondations, de resonger à ses amis défunts dont tout lui rappelait alors le souvenir.

En premier, il était persécuté par la blême image de Maugiron qui de son œil unique et couleur de safran (ayant perdu vaillamment l'autre au siège d'Issoire) semblait le rechercher et lui faire reproche, et en dernier, c'était le fantôme d'un autre de ses beaux enfants, de Saint-Mesgrin, égorgé, lui aussi, peu après, par trente inconnus, qui lui apparaissait tout habillé de sang. Il tâchait alors de se consoler en caressant des yeux autour de soi, ceux qui lui restaient, D'Argues, d'O, La Valette et la Guiche, et les gentils nouveaux, bons gentilhommes bien choisis, tous à lui de dévotion ; il n'arrivait pourtant pas à chasser les soucis qui le hantaient. Il se sentait menacé dans son règne. Il se remémorait qu'à Reims, déjà, quand il fut sacré, la couronne lui avait blessé la tête, et par deux fois qu'elle en avait glissé, comme pour s'échapper ; et plus tard, cette comète qui, en 1577, parut pendant quarante jours, lui avait laissé au cœur une étrange appréhension. Il y voyait un présage de mort ou de calamités devant lui venir de ses ennemis dont Mr. de Guise, le principal, était toujours là, devers lui, le narguant, gonflé d'insolence.

Et puis, les lits de justice et les séances du Parlement, les voyages, Vincennes, Fontainebleau, Chartres, Cléry, les bains à Olinville, et la comédie, la danse, les *Gelosi*, Carême et Pâques, les jeux, les tournois, publier des édits, lever des impôts, s'ébattre, festoyer, recevoir des ambassadeurs, marier Joyeuse, Epernon, enterrer Alençon et Bussi, se flageller, paillarder la nuit dans les rues, se coucher le jour, dormir, ne pas dormir, suer, prier, trembler, tout craindre et tout oser, tout vouloir en grandeur et en concupiscence, enfin régner... la vie emportait Henri III, plus vite encore que le flot entre les piliers de son pont en suspens, aux arches toujours béantes.

Celui-ci avançait pourtant avec les années. En 88 toutes les piles étaient hors de l'eau, du quai des Augustins à la Mégisserie. Avril s'achevait. Mais, déjà le Duc de Guise, revenu, disait-on, secrètement de Rome, se promenait à cheval dans Paris pour s'y faire acclamer. Partout s'élevaient bientôt ces autres ponts des rues, sous lesquels coule le sang, et qui s'appellent barricades, et la Ligue éclatait. Le roi devait fuir. Guise et son frère le cardinal tombaient à Blois sous les poignards, leurs corps brûlés ensuite et mis en cendres. Puis c'était la Reine-Mère qui, à son tour, s'en allait de ce monde, alors qu'à Paris le peuple abattait dans Saint-Paul les figures de marbre que son fils avait fait ériger, auprès du grand autel, de Saint-Mesgrin, Quélus et Maugiron; et quand après maints combats et orages, le roi, ayant fait accord avec Henri de Navarre et Condé à Saint-Cloud, s'apprêtait à rentrer vainqueur dans la capitale où flottaient déjà les soies blanches de Châtillon, le couteau de Jacques Clément lui trouait le petit ventre et ce au même lieu, dans la même chambre et à la même heure de ce matin d'août, nous enseigne l'Estoile, où, à dix-sept ans en arrière, il attendait à son déjeuner le succès de la Saint-Barthélemy devant trois broches de perdreaux.

II

Or, pendant la Ligue et après le départ du roi et son assassinat, même jusqu'en 90, que devient le pont?

Il est abandonné.

— « Quand les travaux reprendront-ils? » pensent en hochant le chef ceux qui y sont le plus intéressés, les Parisiens des deux rives — Pas avant longtemps..., se répondent-ils, et qui sait, peut-être jamais? » En effet, l'élan est rompu, l'argent manque, et le sculpteur Germain Pilon, qui avait déjà taillé dans ses ateliers une partie des masques destinés à orner les cintres, vient de mourir à son tour... Allons! le pauvre pont, dans toutes ces vicissitudes, semble bien condamné. On le croit tellement que Montaigne, au IIIe livre de ses Essais, s'en désole et dit son grand ennui : « que lui soit ôté l'espoir, avant de mourir, d'en voir en train le service. »

Un notable changement modifiait néanmoins à cet endroit et de la façon la plus heureuse l'aspect du fleuve en son milieu. L'îlot des Juifs et la grande île du Palais avaient été nouvellement reliés, aussi exerçaient-ils depuis sur les gens du quai un tel attrait que ceux-ci n'avaient plus qu'une idée, s'y précipiter et en jouir, sans compter que les piles du pont, qui s'avançaient dans cette direction ainsi qu'une amorce, hélas agaçante et vaine, étaient bien faites pour augmenter à la fois la tentation et le dépit. Afin de répondre au désir public on jeta donc sur les maçonneries un tablier volant en bois qui permettrait aux riverains, dotés déjà, du bas des Augustins, d'une grève sablée et ombragée de saules, de se rendre en plus, autant qu'ils le voudraient, dans l'île enchantée et de s'y promener parmi ses boqueteaux. Branlant et grossièrement cloué, ce passage provisoire avec son plancher mal rejoint et vite pourri n'offrait que bien peu de solidité. Aux dangers encourus même en plein jour par les imprudents qui n'hésitaient pas à s'y aventurer, s'ajoutait, pendant la nuit, la présence en ces parages d'une malicieuse colonie de mendiants irlandais, ces Bélîtres (ainsi les nommait-on), ayant eu l'idée de se gîter et de s'incruster là, dans l'enchevêtrement des matériaux et les excavations des piliers où tout travail, depuis des années, était demeuré en suspens. Retranchés au fond de ces trous, comme en un sûr repaire, ils s'y conduisaient en vrais bandits, mais la crainte de leurs méfaits n'empêchait pourtant pas les Parisiens de passer le pont en y jouant leur vie, autant pour le péril que pour le plaisir. Combien étaient allés à l'île, aussi bien seuls qu'en compagnie, et n'en étaient pas revenus, souvent même sans avoir eu l'avantage d'y arriver, aggrippés avant par le pied, sur la passerelle, et jetés à l'eau après assommade. On avait si peur de ces malandrins que pendant quatre ans on n'osa point les déranger. Les travaux avaient repris et pourtant, quoique délogés et tracassés de jour en jour, ils étaient toujours là. Ce fut seulement en 1606, et alors qu'ils avaient dû depuis quelque temps vider leurs anciens abris, qu'ils furent mis hors la ville « *en des bateaux conduits par des archers, pour les renvoyer par delà la mer d'où ils étaient venus* ».

Israël Sylvestre. — Vue du Pont-Neuf à Paris.

Voici à présent le pont nettoyé que l'on pourra désormais franchir sans être obligé de recommander son âme, comme hier, à Dieu!

Il touchait d'ailleurs à son achèvement. Depuis 1598, aussitôt conclue la paix de Vervins, on s'y était remis quoique avec la lenteur ordinaire et beaucoup d'interruptions, jusqu'à ce que, un beau matin, Henri IV, lassé du bac qu'il lui fallait toujours prendre et justement en vue de ce maudit pont qui n'en finissait pas, montrât une bonne fois son entraînante volonté.

Aussi en 1603, il traversait la Seine dans toute sa largeur.

Le passage n'était pas, à vrai dire, encore absolument au point, puisque la chronique nous apprend « que quelques uns, pour en faire l'essai, s'étaient rompu le col et étaient tombés dans la rivière » et que la hardiesse du roi émerveilla les siens. Mais quoiqu'il en fût, le Béarnais avait passé! Chose faite! acquise!... Il avait passé, le premier..., sans se douter qu'à la place même, où, sur ce plancher branlant, sa botte s'était posée sans qu'elle y glissât, il se tiendrait onze ans plus tard, glorieux, pour toujours, monté sur un cheval de bronze.

A partir de ce moment le roi est pris de la fièvre d'embellir sa ville, et sa pensée s'applique surtout au Pont-Neuf ainsi qu'à son entourage. L'île du Palais est bouleversée de fond en comble pour de grands desseins, élévation de nouveaux quais et création d'une vaste place qui en l'honneur du jeune Dauphin doit s'appeler Dauphine. Henri IV en dresse les plans, trouve l'argent nécessaire, entreprend le percement d'une voie nouvelle à la porte Bussy, ouvre deux autres rues qui auront les noms de son second fils le duc d'Anjou, et de sa fille Christine, il pense à tout, et non seulement de loin, dans les conseils, mais sur le terrain même où il tombe à l'improviste, à chaque instant, pour surprendre les ouvriers et presser les travaux. On le rencontre ainsi à la Samaritaine, au Pont-Marchand, dans l'île, au clos de son « arboriste » et sur tous les chantiers. Rien n'échappe à son œil de maître, à la verdeur de son bon sens. C'est bien là, sur ce pont et ses alentours, au cœur de la Cité qu'il pose en même temps le mieux, lui aussi, les fondements de sa popularité, les piles de sa renommée, et Henri IV en retour, par la magie de sa personne crée l'atmosphère et l'esprit particulier de ce lieu nécessaire, en établit à jamais la caractéristique. Inséparables l'un de l'autre, ils forment à eux deux le monument peut-être le plus complet et le plus beau de notre Histoire.

Il faut, pour saisir, comme on le doit, l'emprise exercée sur tous par ce loyal et rusé séducteur, se représenter les souvenirs laissés avant lui par les précédents rois dans la France provinciale (où on les avait si peu vus) et à Paris où, en les voyant, on avait appris à trop bien les connaître.

A cette époque la vraie moyenne de l'existence était plus courte qu'aujourd'hui. Les vieux Parisiens qui avaient dix ans en 1545 étaient donc alors, vers 1600, plus que sexagénaires. Evidemment François Ier leur avait légué un splendide portrait. De la somptuosité de sa carrure il dominait tous les Valois. Enfin, c'était le prince magnifique et protecteur des Arts, l'Hercule de Chambord, le vainqueur de Marignan. Mais sa descendance n'avait montré qu'une suite, étrange — ou dégénérée — de personnages distants, n'ayant pas pu, ou pas su, gagner l'amour du peuple, adorateur pourtant si prompt des têtes à couronne. Sans doute on les avait, l'un après l'autre, acclamés dans le cours du temps. Que ce fût Henri II, ce grand destrier de tournoi, robuste et morose, à l'œil terne, ou le petit François II, pauvre abcès d'enfant, ou Charles IX incertain, enfoncé dans ses livres et ses médailles, errant de sa mère à ses lévriers, ou l'accomodé

Henri III, lacé, corseté, tout en nerfs, sensible et brave, mais de si provocante effronterie dans la débauche..., ils avaient tous eu, çà et là, leur moment et leur part de sincère faveur. N'était-ce pas, quand même et chaque fois, le roi? Cependant aucun d'eux n'était allé aux entrailles de l'homme de France. Et puis, voilà que précédé — à la façon d'un conte gaulois fait à la veillée — du récit de ses exploits et de sa gaillardise, arrive devant Paris, qu'il assiège avec belle humeur comme si c'était pour rire, un Gascon qui par dessus-remparts lance, entre des boulets, des pains et des jambons, et force ainsi la ville en retour « à se rendre à lui » personnellement, dans une poussée d'amitié aussi noble, aussi franche. Un donnant-donnant : « Tu me veux? Je te plais? Tope! Je suis à toi, et tu me plais aussi! ».

C'est le coup de foudre. Un tout autre roi s'annonce à son peuple et vient à lui, s'en laisse voir, approcher, comprendre. Il est tellement l'opposé des personnages troublants et lointains dont la France avait dû prendre jusqu'ici la respectueuse habitude. Avec lui, la royauté s'offre toute simple et plus chère, et plus forte, et plus solide aussi. Elle semble promettre un long avenir, car, après tant de malades, voici de la santé. Oh! les derniers Valois! ces pâleurs, ces maigreurs, ces ossements, ces teints de cire, ces funèbres figures! Celui-ci, le Béarnais, en les remplaçant, les efface tous, et les rejette encore au-delà de leur récent passé. Roi-soldat et paysan, il dit les camps et les champs, le gave et la montagne. Plus de renfermé. Du plein air. Un rubicond succède aux blêmes. Les pourpres du sang et du vin affluent dans ses veines gonflées, sur sa lèvre en flamme, à fleur de sa peau brune, et du haut en bas de son nez splendide en coup de soleil. Point de *De profundis*! Il vit, il rit. On sait ses mots, brillants et drus comme ses actes. Il ne se flagelle pas, ne fait pas pénitence. Il ne joue pas au chapelet mais il entend pourtant la messe, et la meilleure, ventre Saint-Gris! celle « que vaut Paris ». A sa tête, au lieu de la toque étroite, il plante un feutre à larges bords. Mais n'y cherchez pas la sèche aigrette d'hier et les frisottis de petites plumes ; il inaugure à son front le panache, auquel il a donné, dans le vent d'Ivry, tout le prestige et l'envol d'un emblème, et le reste, au physique, au moral, en tout, continue de présenter, grâce à lui, dans l'ensemble et le détail, une heureuse métamorphose. On ne lui sait point de bijoux, de bagues, de boucles d'oreilles. Pas assez riche pour l'or, les broderies, les velours, trop viril pour les dentelles, trop fruste et trop sain pour les mièvreries de la toilette et les parures honteuses du corps, il méprise les onguents, les pâtes, les odeurs. Pour tout parfum il n'a que son fumet, qu'il est seul à avoir. Il sent l'ail et la poudre. La peau de daim, le buffle et le cuir de cerf l'accoutrent mieux que les crevés de soie et les pourpoints polichinelle, et à sa hanche, s'il pend quelque chose, c'est, au lieu d'un bilboquet, une lourde épée, dont la coquille en fer sonne comme un timbre. Aussi, dès qu'aux abords du Pont-Neuf où la Seine l'attire, on le voit poindre, quel sursaut ! quelle émotion ! Rien que de la joie. Aucun embarras. Il a beau, vêtu de bourgeoise laine, n'être accompagné que d'un ou deux écuyers, n'avoir ni gardes, ni escorte, on le reconnaît tout de suite. Son cheval est aimé. L'eau du fleuve le fait hennir ; quand il fend la foule du poitrail les mains se tendent pour le caresser. Mais le plus souvent c'est à pied que le Béarnais, laissant sur le quai son courtaud, arrive pour inspecter les chantiers, et prendre aussi le plaisir de se frotter au populaire. Il a la passion de la rue, des marchés autour des fontaines, des humbles, du petit monde à la grande âme, au verbe haut, aux yeux et aux crocs de chien, et plus encore des hardies gaîtés où se trahit, par la bouche de ses sujets, le bon sens, utile aux rois. Henri IV est là chez lui, dans son élément naturel. Il y baigne et il y règne autant et mieux qu'en face sur le trône. Le Pont-Neuf, voilà son Louvre. Sous le dais du grand chapeau qui l'ombrage et l'auréole, son visage à mille plis rayonne et frissonne d'aise ; au coin de

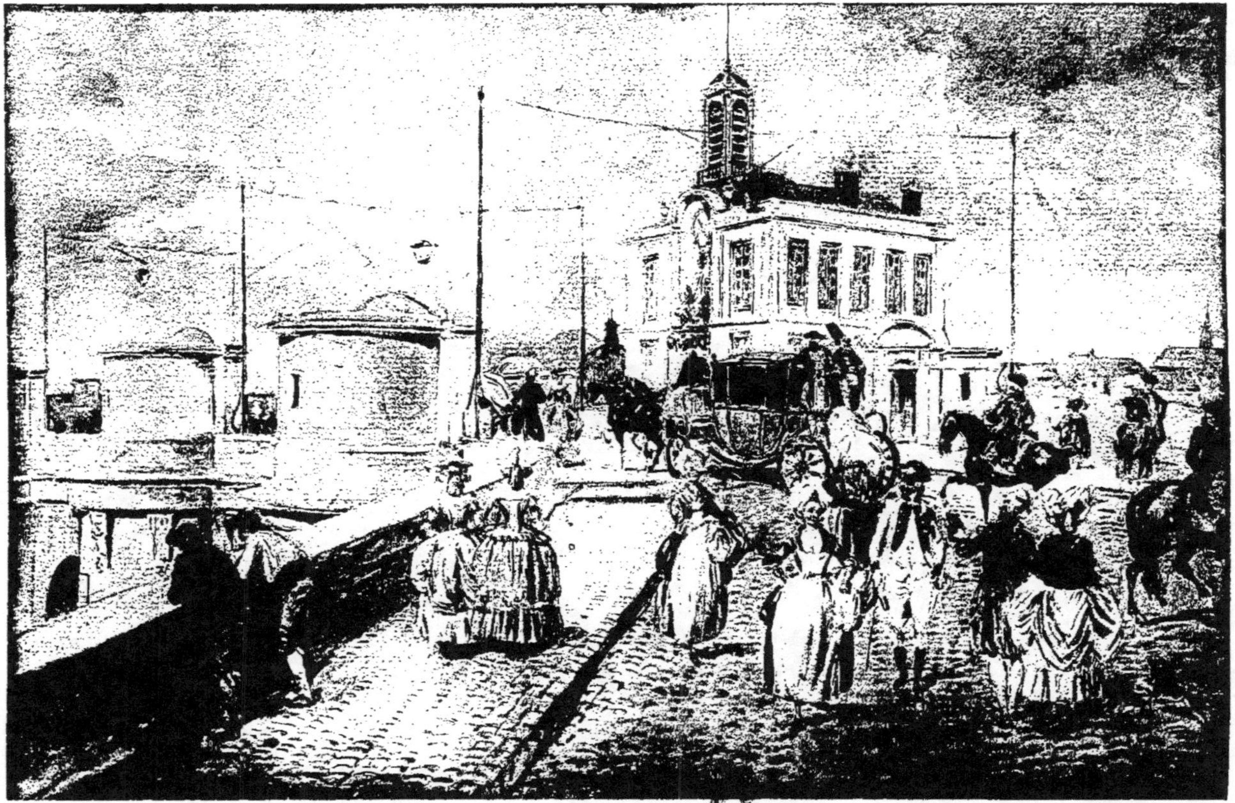

Nicolas Pérignon. — L'entrée du Pont-Neuf du côté du quai de la Mégisserie, vers 1775.

(Musée Carnavalet.)

chacun de ses yeux malins la patte d'oie en arbalète décoche
ses trois traits ; moustache et sourcils de bataille, barbe bien
troussée, prunelles en feu, il marche, à grands pas, s'arrête,
se penche, examine, interroge, approuve et quelquefois
rabroue, mais sans aigreur, toujours en bonne voix ; et quand
il a bien tout vu et approfondi, sans rien oublier, il poursuit
encore, et rentre, par le plus long, mais lentement ; il parle à
Jacques et rit aux filles ; il tapote une joue, pince un corset,
mâche une fleur, mord une pomme, alerte et jeune au milieu
des sacs de plâtre et des mâdriers, ou des tas de radis ou de
choux qu'il enjambe... et puis s'en va, une feuille de salade
accrochée à son éperon, tandis que, du bras levé une dernière
fois, il répond aux cocoricos des coqs et aux cris de la foule,
ameutée d'amour, qui l'entrave.

A-t-il par malheur, dès qu'il s'éloigne d'eux, perdu de sa
séduction, de son empire sur ses grands enfants? Pas le moins
du monde. Son ascendant se maintient, aussi vif, aussi sûr, et
même il grandit de loin. L'absence lui profite encore. A peine
est-il hors de vue qu'on aspire à le revoir. On n'est jamais
rassasié de son appétissante mine. Henri IV, une fois pour
toutes, possède la confiance et l'adoration des Parisiens, de
tous ses sujets. Il la gardera, pendant sa vie, après sa mort,
jusque dans sa postérité. Pour avoir voulu et créé un nouveau
type de roi, haut en noblesse et en couleur, galant et paternel,
économe et généreux, bel estomac, beau gobelet, gentilhomme
et brave homme, ardent à l'attaque, à la riposte, et juste, et
pitoyable, autant qu'esprit des plus fins, et de jugement profond, il tient, au livre de notre histoire, une place à part : la
première *dans l'amour*, étant celui de nos maîtres qui aura le
plus aimé son peuple et en aura été, le plus aussi, payé « de
même monnoie ».

C'est tout cela qui l'a situé, entre tous nos autres souverains, au beau milieu de l'impérissable Pont-Neuf, d'où,
au-dessus de l'eau qui coule et sous le temps qui passe, il
continue de régner dans la légende et l'âme populaire.

III

En effet, à présent le pont est terminé.

Le roi n'y est pas encore, mais on sait qu'il y sera.

Dès 1604 il a été décidé qu'une statue équestre, en bronze, y serait dressée à sa gloire, et sur la désignation de Franqueville, son premier sculpteur, c'est l'illustre Jean de Bologne qui, d'après le modèle à Florence, a été choisi pour l'exécuter, en grand, dans le métal.

Il s'en occupe en Italie.

Chez nous, on s'en réjouit déjà, en venant voir l'emplacement où cela doit s'élever, où cela fera si bien! Et, en attendant, tous ceux qui maintenant se rassemblent là chaque jour, ne peuvent résister au plaisir d'y stationner ou de s'y promener émerveillés, pendant des heures. Depuis ce mois de juin de 1603 où le Béarnais, pour la première fois, traversa le pont dans sa longueur, — encore, vous rappelez-vous? « qu'il ne fût pas trop assuré », — que de changements et de tous les côtés! Que de gigantesques travaux entrepris et menés au bout! D'abord les deux îles soudées. Puis, partant de celle du Palais, deux quais nouveaux, l'un allant du Pont-Neuf au Pont-aux-Meuniers, l'autre du Pont-Neuf au Pont-Saint-Michel. Toujours en cette même île la place Dauphine achevée, et bornée en plus, au Midi et au Nord, par deux autres quais neufs, le premier, dit des Orfèvres, avec ses vingt-sept corps de logis déjà bâtis et toiturés, le second, vis-à-vis la vallée de Misère et dit des Morfondus à cause du diable de froid dont on y claque des dents. Au-delà du fleuve, le quai du Louvre, commencé par François Ier, au bas du palais même, y offre seul, — il est malheureusement vrai — un terrain propre et aplani, tandis que celui de l'École, qui y fait suite et demeure en très mauvais état, n'est qu'un grand chantier de bois, boueux, dans lequel on patauge. Mais le roi a promis de le nettoyer bientôt et de le rendre aussi accessible et plaisant que son voisin du Louvre. « Ayons patience. Il tiendra parole; il en a l'habitude. » Sur la rive gauche, la vieille et spectrale tour de Nesle, vide et rongée comme un chicot, et en train de tomber, offre bien aussi, avec tout ce qui l'avoisine encore de sinistre, un vilain tableau de gibet. Mais là, de même, Henri, avisé, a conçu le projet des plus sérieux embellissements à commencer par l'ouverture d'une large rue qui joindra le Pont-Neuf à la porte Bussy.

Est-ce tout? — Mais non! Sur le Pont même, à son extrémité touchant la rive droite, un mécanicien de génie, le flamand Lintlaër n'a-t-il pas eu la mirifique idée d'une machine à envoyer l'eau aux Tuileries et au Louvre qui n'en étaient que peu fournis? et pour ce faire il a bâti — aux deniers du roi toujours — une fontaine admirable et, tenant du prodige, en forme de château, qu'on appelle *Samaritaine* à cause qu'on y voit sur la façade, Notre Seigneur Jésus-Christ au puits de Jacob, avec la Samaritaine qui lui verse de l'eau, et au-dessus on a encore la surprise d'une industrieuse horloge astronomique; et, par derrière elle, d'un carillon composé de clochettes, lesquelles représentent, tantôt une chanson, tantôt une autre qui s'étend de très loin et est fort récréative. »

Ainsi éblouis et charmés par tant d'agréments, de bienfaits, les Parisiens, dans quelque direction qu'ils tournent leurs regards, en aval, en amont, partout, n'ont que des sujets de contentement et d'intarissable fierté. Ils oublient leur fièvre et leurs reproches de jadis, tout le temps dépensé qui leur a paru si long. Celui-ci leur semble au contraire aujourd'hui, avoir fondu, rapide et léger comme un rêve. Oui, que tant de magnificences soient sorties par miracle, de terre et des eaux, que tout cela aît pu être réalisé, en trente-deux ans seulement.. « Ce qui est peu!... ce qui n'est rien! » ils ont de la peine à le croire et c'est toujours, en rendant l'hommage final à leur ami le roi, qu'ils se détachent des parapets du pont aux derniers moments de la journée pour en parler encore

jusque chez eux. On touche à la fin de 1609. Les cœurs sont
à la joie. La belle année que sera la nouvelle, 1610! Longue
vie à notre Henri! Dieu lui rende sa poule au pot!

...Et puis c'est Ravaillac.

Instantanément le pont est en deuil. Nous trompons-nous
en supposant que nulle part peut-être n'éclata, plus sensible
qu'en cet endroit, et ne se manifesta davantage l'affliction du
peuple? On s'y achemine ainsi qu'on le ferait vers la maison
mortuaire. C'est là qu'il est le mieux béni et regretté. La place
où doit s'élever l'effigie royale a beau être nue on cherche à
s'y représenter, comme si elle y était depuis toujours, la statue
du souverain-martyr, et, plutôt qu'à cheval, la plupart même
le préfèreraient maintenant couché les paumes à plat et la face
au ciel. Quel dommage qu'on ne puisse pas l'ensevelir là!
Où donc, même à Saint-Denis, aurait-il plus noble tombeau
et lui convenant mieux? Les simples lames de pierre qui
entourent le carré du socle futur ont l'air d'être les dalles de
sa crypte et de posséder sa dépouille. On se presse contre, on
s'y met à genoux, les enfants y prient, des femmes y gémissent,
des vielleux y chantent des complaintes. On y jette du feuil-
lage, on y vend des médailles, des cires et des parchemins où
cligne de l'œil la narquoise figure, et tandis que, pendant les
jours qui précèdent l'inhumation, les cloches sonnent matin et
soir le glas, la Samaritaine éparpille sur le fleuve et jusqu'au
Louvre ses carillons dont la gaîté arrache aux Parisiens un
redoublement de larmes. « Ah! pensent-ils, en se souvenant,
c'est aujourd'hui, plus encore qu'à sa naissance sous Henri le
Troisième, que notre Pont-Neuf mérite bien le nom de Pont-
des-Pleurs! Serait-il maudit?... » Mais l'heure passe. Le glas

cesse. Le Vert-Galant repose en paix, les deux joues dans la fraise de sa barbe blanche et le Ravaillac est écartelé... Ventre-Saint-Gris! Vive le petit roi, notre Dauphin de la place Dauphine! Il est — quoi qu'un Louis — du sang et du bon sang d'Henri notre père et le sien!

Et le pont, désattristé, reprend sa belle humeur.

Pour que celle-ci cependant soit bien complète et ronde, il faut qu'il ait sa statue. Bien plus qu'hier elle lui manque. Il est vide sans elle. Avant même d'y avoir été mise, elle a l'air d'en avoir été retirée. C'est elle seule qui le ranimera et le peuplera en marquant la fin de son deuil. Aussi l'attend-on avec une impatience où perce plus d'un reproche à la Reine-Mère, injustement d'ailleurs, car elle fait tout ce qu'elle peut, écrivant lettre sur lettre au grand-duc en Italie pour y presser l'envoi du monument si désiré. Mais les choses humaines sont toujours loin de s'accomplir au gré des vœux. On ne sait jamais lequel est là-bas, le plus en retard, du cheval ou du cavalier, et de qui c'est la faute. Tantôt c'est du premier, tantôt du second... quand ce n'est pas, pour tous les deux, le bronze qui a tort! Pour comble d'ennui, en 1608, encore du vivant du roi, Jean de Bologne était défunt, laissant l'œuvre inachevée. Son meilleur élève, Tacca, l'avait bien reprise aussitôt, mettant tout de côté pour s'y consacrer en entier. Cependant, quelque diligence qu'il y apportât, ce n'était sans doute jamais qu'une diligence... italienne, autant dire un peu molle et capricieuse ainsi que le voulaient l'époque et le climat en ces jours indulgents où la paresse artistique avait un divin caractère et s'imposait comme la condition d'un travail pensé, réfléchi, et mûri au soleil. Le temps alors ne comptait pas et justement parce qu'on en connaissait par expérience, surtout en art, la fécondité, le besoin vital et le prix. Plutôt que de faire vite, la lenteur pour faire bien — ce qui seul importait — devenait une règle et une volupté. Et puis, plus que tout autre, ce monument colossal du roi de France, et quel! Henri le Grand! chargeait l'artiste qui en avait l'honneur et le poids, d'une responsabilité presque paralysante. Avoir accepté de continuer l'œuvre d'un génie tel que Bologne et ne pas s'y montrer trop indigne du Maître excusaient chez Tacca la longueur de sa mise au point.

Enfin la statue fut achevée.

Mais, tout chemin, — si de Paris, ou d'ailleurs, il mène à Rome, — ne mène pas de Rome, et encore moins de Florence à Paris.

Mille vicissitudes continuèrent d'énerver les Parisiens. Ce n'est que vers janvier 1614 — quatre ans après la mort du roi — qu'on entrevit, pour la belle saison, l'arrivée possible du cheval-fantôme et de son cavalier, lesquels semblaient, en vérité venus exprès, a l'amble, du bout du monde. En mai, Louis XIII en personne, posait la première pierre du socle. Une vraie fièvre alors enflamme le peuple. — « Un mois au plus, le dernier, assurent les renseignés, et *il* sera là! » On ne l'espérait plus. Cependant, comme on se doutait bien qu'il n'arriverait pas par terre mais par eau, et que, d'ailleurs on savait déjà qu'il avait touché au Hâvre, on se passionnait chaque jour à suivre sur le pont le travail des échafauds entrepris à ses abords, pour l'y recevoir. Et le 13 juin — date mémorable — on le vit!... lui-même, s'avancer, bien tranquillement, glisser, sur un gros bateau plat, et remonter la Seine. Il avait beau, sous le volumineux emballage et les bâches qui le recouvraient, n'étaler qu'une masse informe, on en était déjà content. Il crevait la toile et sautait aux yeux. Dans le délire public, il accosta, parmi des grincements de bois et de poulies qui faisaient croire que c'était, du fond de ses camails de cuir, son cheval qui hennissait. Pour la deuxième fois et la définitive, il opérait, triomphal, sa *rentrée* dans Paris toujours affamé, jamais rassasié, de revoir son roi.

L'inauguration solennelle, le 23 août — la statue hissée et mise en place — eut lieu en grande pompe, en présence de tous les hauts dignitaires du Parlement et de la Ville. Mais — chose étonnante — il n'y manqua que la veuve et le fils du

V.-J. Nicolle. — Vue du Pont-Neuf prise d'un œil-de-bœuf du Louvre, vers 1810.
(Musée Carnavalet.)

défunt. Marie de Médicis et Louis XIII étaient en Poitou, depuis quinze jours, ayant déserté la capitale sans juger à propos de reculer leur départ (que rien ne nécessitait) pour être là, tous les deux, au premier rang, à l'heure magnifique où, tous les voiles envolés, apparaîtrait dans sa gloire, aux acclamations de la foule, l'image trois fois sacrée de l'époux, du père et du roi.

Comment s'expliquer cette conduite? On n'y parvient pas. Indifférence? Oubli? Sécheresse? Aucun de ces mauvais sentiments n'arrive à la justifier.

Faut-il l'attribuer, chez la femme, toujours trompée, à une lointaine et tenace rancune? Mais la fin, si cruelle du roi, ne suffisait-elle pas à racheter aux yeux de la veuve les fautes du mari? Sa mort, — une pareille mort, une mort-châtiment! — avait-elle été incapable de l'apitoyer et de lui apprendre le pardon? Pouvait-elle effacer de sa mémoire en paix, l'affreuse suite de ces heures? Quoi! elle avait vu Henri rapporté pantelant, disloqué comme un sac, et puis assis dans le fauteuil d'où il glissait déjà pour s'allonger! elle avait vu le sale couteau retiré, essuyé, elle avait vu la plaie, elle avait vu le linge, les habits, le corps trempé de sang, et puis le cadavre nu, le visage, pétrifié pour l'éternité dans son sourire indélébile et puis les triples plombs des triples cercueils, et puis tous les honneurs, le faste formidable et obsédant des longues funérailles... et tout cela n'existait plus! n'avait servi à rien!... Le jour qu'on inaugurait, à la face du monde, la statue de l'assassiné, qu'on le ressucitait... elle était en Poitou!

Et le petit roi? Pouvait-il, si jeune encore, et avant d'être durci par la vie, avoir déjà perdu — ou chassé — le souvenir du père excellent et tendre de son enfance? Oui, sans doute, puisqu'il ne ressentit pas non plus le besoin, le *devoir* de lui rendre en ce jour son filial hommage.

Mais, somme toute, y a-t-il lieu de trop regretter cette superbe ingratitude.

On est tenté de répondre que non, tant elle est instructive

et montre en leur vrai jour les cœurs qu'elle condamne. Peut-être valut-il mieux, pour la pleine et harmonieuse beauté de la cérémonie, que la nonchalance de l'étrangère et l'ennui du prince Saturnien ne s'y étalent pas. Et qui sait si la fidèle expansion de son bon peuple de Paris n'alla pas ainsi plus directement à l'âme du vieux roi désabusé, ne lui fut pas cent fois plus douce, et surtout plus familiale?

C'est seulement en octobre, à son retour, que la Reine, qui n'était pas pressée ni curieuse, alla voir la statue. Elle la trouva ressemblante et s'en déclara satisfaite. On aimerait savoir quelles furent alors exactement ses impressions quand elle fut obligée de lever la tête vers l'homme de bronze resplendissant, et quel dialogue secret dut, tout de même, ne fut-ce que pendant quelques minutes de silence, s'échanger entre eux deux.

Lui, de sa suprême hauteur, n'avait pas un instant l'air de l'apercevoir. Au delà de son règne il ne regardait plus que l'avenir, qu'il avait préparé.

Voilà donc enfin le pont acquis, et l'on pourrait dire au bout de tant d'années, conquis, jour par jour, pierre à pierre. Or il semblait que le peuple, à la fois nerveux et apathique, après avoir si sagement attendu qu'on le terminât, ne devait plus avoir à présent la moindre raison de se plaindre.

Et pourtant il en avait une! Encore une! Toujours. Et enchanté au fond de pouvoir l'invoquer, ne fût-ce que pour ne pas perdre sa chère habitude de la mauvaise humeur et du reproche perpétuel.

Maintenant que la statue du roi est bien campée à sa place, il s'avise que les quatre figures d'hommes — des esclaves chargés de chaînes — destinées aux angles du piédestal et qui ne sont pas encore posées, doivent l'être, au plus tôt. Et il murmure. Lui aussi, comme un maître, il veut ses esclaves. Et puis, irrité de voir qu'on ne l'écoute plus, il cherche à qui s'en prendre, et choisit Concini, le tout-puissant pour lequel il nourrissait déjà, d'ailleurs, une antipathie d'instinct, violente, et prête à tourner à la haine.

Au Louvre, le maréchal en rit à belles dents... avec Luynes, rendu responsable également du retard de ces dernières images.

Trois ans d'animosité grandissante; et le lundi, 24 avril 1617, Paris, avec un saisissement d'où jaillit aussitôt une atroce joie, apprend dans la soirée que le Concini, le matin même, — ordre du roi — a été tué au Louvre, au pont-levis. On se signe. On ouvre de grands yeux... et on bat des mains. — Est-ce possible? Alors... il n'est plus? — Il n'est plus. — Et les détails commencent à sortir... : que c'est le baron de Vitry qui, levant son bâton, a commandé aux officiers des gardes dont il est le capitaine d'abattre l'Italien, à coups d'épée, à coups de pistolets, ce qui a été fait... et que celui-ci, rompu, « le visage noirci de poudre et la fraise toute enflammée et brûlante comme mesche d'arquebuse, a été traîné après dans une chambrette des soldats et jeté par terre devant un petit portrait du roi, où c'est qu'on le va voir. »

Cette nouvelle assomme et grise le peuple, enchanté. « Mais, tout de même, est-ce bien sûr? Ne le trompe-t-on pas? Le faquin est-il vraiment mort? » L'homme impitoyable des rues se méfie. Il aimerait bien qu'on lui montrât la peau de la bête afin d'en avoir ainsi plaisir et certitude. Et il rumine : — Si le traître a péri, qu'en a-t-on fait? L'aurait-on rendu aux siens, à sa femme, à son fils? Non. Ceux-ci le réclament. Alors, l'a-t-on caché? Pourquoi? Dans quel dessein? « Aussitôt, des soupçons : — Et s'il n'avait été que blessé? S'il respirait toujours, maintenant bien soigné au fond d'un bon grand lit? S'il allait en revenir?... et reparaître un de ces quatre jours plus arrogant et plus fort que jamais? » Les esprits travaillent. La rancune et la peur font leur petit chemin : « Ah! décidément, ce corps abhorré, ce corps précieux, magnifique, où est-il? Qu'est-il devenu?

Autour du Pont-Neuf où grouillent dans les ténèbres les pires criminels, la pensée de cette dépouille choisie qui devrait leur appartenir et qui va leur échapper, monte aux cerveaux — comme l'odeur d'une charogne invisible au nez brûlant des chiens. Ils la quêtent, la sentent. Elle ne peut pas être loin. »

La nuit se passe ainsi; et le lendemain matin, voici que, vers les onze heures, quelques-uns accourent, haletants. — « ... C'est à Saint-Germain l'Auxerrois qu'il est! caché et enterré! à l'entrée... sous les orgues. Les pierres avaient été proprement rejointes... Mais l'endroit vient d'être découvert. Déjà, on s'y amasse, on y trépigne et on crache dessus! Venez! »

Clameurs. — « Enfin! On l'a! On le tient! Attends, coquin? On va te faire bonne chère! »

Le peuple se rue à l'église, y gratte le sol, descelle les dalles avec ses ongles, arrache avec les cordes des cloches le corps arc-bouté qui se défend dans son cercueil, et l'emporte comme une proie. — Au Pont-Neuf! Au Pont-Neuf!... où déjà décomposé, vert et bleu de coups de bâtons et de pierres, il est poussé... contre une potence qui, justement — souligne le chroniqueur, — y avait été plantée un mois auparavant par la volonté du dit Maréchal, pour servir à ceux « qui n'étaient pas de son haleine ».

On propose donc de l'y pendre. Un de ses anciens laquais, chassé depuis huit jours, en exige l'honneur. Tant bien que mal, il l'y accroche, tête en bas, et pour sa peine, on lui remplit son chapeau de sols et de deniers. Une compagnie des gardes du Roi passe à ce moment sur le pont pour prendre son tour au Louvre. Vous croyez peut-être qu'elle va intervenir et arrêter le jeu? Au contraire. Indifférence ou lâcheté, elle approuve, en riant; et comme la corde manque aux massacreurs pour lier le cadavre au gibet, elle leur lance les mèches de ses arquebuses. Alors sur le malheureux on s'acharne à coups de couteaux, de poignards et d'épées. On lui crève les yeux, on lui coupe le nez, les oreilles. On le désarticule, on le désosse, on lui « avalle » les bras et les jambes. La tête, tranchée, tombe et roule. A son tour, le tronc est attaqué, défoncé, fouillé, déchiré en mille morceaux, pour lesquels on se bat, comme pour des pièces de monnaie, en se tordant dans la poussière... Et chacun, homme, femme,

A.-F. Peyre. — *Le Pont-Neuf.* — *(Bibl. Nationale, Cabinet des Estampes.)*

PL. 8.

enfant, veut en avoir un, qu'il emporte en criant de joie, comme une friandise, et qu'il brandit, dans lequel il mord avec des dents sauvages. Un forcené, vêtu d'écarlate, boit de son sang glacé. Un autre, « qui_a eu moyen » de lui arracher le cœur, le fait cuire sur des charbons, et le croque, en public, arrosé de vinaigre... Enfin, c'est une horreur, pire que tous les écartèlements, une boucherie sans nom, que rien n'apaise et que tout, au contraire, ne fait qu'attiser sans cesse et prolonger à chaque galopade, ou à chaque arrêt de la troupe immonde à travers les ruelles de Paris... Jusqu'à ce que... à force de semer partout les lambeaux de chair et les cordons d'entrailles, ces furieux, exténués, et repus de vengeance, finissent par brûler ce qui leur reste en mains de viande et de boyaux, devant la statue de Henri IV... leur père. Et le plus remarquable, c'est, qu'en ce même temps, et pendant qu'avaient lieu dans la populace ces choses, il se faisait entre les grands, au Louvre, chez le Roi, presque même mêlée, et partage aussi dégoûtant des honneurs, des biens, des bijoux, des armes, des habits, de tout ce que laissait après soi, le corps nu et déchiqueté, et que se disputaient aussi avides que les bandits des quais, les gloutons de cour.

Vitry a les gros morceaux, la charge de maréchal, la maison de Concini et tous ses chevaux, Luynes, la charge de premier gentilhomme de la Chambre; et pour le reste, abbayes, lieutenances, châteaux, capitainerie, marquisat, chacun des meurtriers a son affaire et découpe sa tranche. La splendide garde-robe est répandue sur l'ébène des tables. Les meubles, les coffres ferrés, remplis de pierreries, sont vivement forcés et vidés, leur contenu donné... ou pris; jusqu'aux objets les plus personnels du défunt qui pleuvent dans les mains tendues. Celui-ci a l'épée, celui-là la chaîne et *son agnus Dei*, l'un les éperons, l'autre l'écharpe. Les bagues changent de doigts. On n'oublie rien. Tout y passe.

Et, cependant, Louis XIII, rose de plaisir, préside son conseil, tandis que Madame sa mère, enfermée dans le cabinet

du luth, y tremble de peur et que c'est grande réjouissance par
la ville où on a envoyé les violons parmi les soldats qui crient :
« *Vive le Roi! le Roi est Roi!* »

Sans doute, si jeune qu'il fût, le Pont-Neuf, avant cela,
n'était pas immaculé. Il avait déjà vu se commettre sur lui
maintes assommades, des attaques à main armée, des crimes
de toute nature; il était, la nuit, un terrain, propice et
consacré aux guet-apens, aux duels, aux rapts, il avait
même eu la primeur, en 1614, d'une décapitation, celle
d'un fabricant de fausse monnaie. Mais tout cela, en regard
« du sac de Concini » n'était qu'enfantillage. A cette occasion
seulement il reçut, plus que celui du sang, le baptême de la
bestialité populaire, et nous croyons bien, malgré tout ce que
l'histoire, dans l'avenir, lui réservait encore de tragique et de
déconcertant, que, rien d'aussi hideux, depuis, ne le souilla.
S'il en était resté sur cette ignominie jamais il n'eût pu s'en
remettre, mais il connut, grâces à Dieu, dans la suite, assez de
gloire pour laver ses taches.

IV

Le peuple est ainsi bâti qu'après avoir tempêté, jeté feu et
flammes pour son caprice du moment, il lui suffit presque
toujours de passer sa rage sur quelqu'un ou quelque chose
pour renoncer le lendemain à ses frénésies de la veille. Une fois
le Concini dispersé dans les airs, il prit tranquillement son
parti du manque des quatre esclaves dont hier il déclarait ne
pouvoir se priver. Au diable les statues ! Celle de Henri lui

suffit. Il l'adore. C'est son idole. Il s'établit et vient vivre à ses pieds. Avec un amoureux et impudent sans-gêne il y joue, il s'y bat, il y polissonne, il y campe le jour, la nuit, il y boit, il y mange, et le reste. Il le garde, il le bloque. Des quatre parois de son socle et du sol qui l'entoure il fait le lieu le plus inaccessible, le plus recherché, le mieux défendu et aussi le plus pittoresque et le plus sale de Paris. Il y trempe sa soupe, y allonge ses quilles et y tue ses puces. Il y met sécher ses hardes de Callot qui claquent devant le Béarnais comme des « enseignes ». Il y a bien, pour protéger le monument, une balustrade, mais si basse que c'est péché de ne pas l'enjamber. Aussi cette petite enceinte est une corbeille à ordures. Et puis, pas plus que ses gens, le roi n'a le nez fin. Il domine. Au delà des Crillons de ruisseau, des Sully de taverne et des rois fainéants auxquels il permet de trôner sous le ventre de son cheval, il a de quoi se distraire. Il voit les charlatans, les poètes crottés, les chanteurs dont il écoute, en les payant d'un rire, les gaillardises, les *pont-neufs*, les refrains satiriques; il apprend la ville et la cour, le Palais, la place Royale, toutes les nouvelles. On lit à haute voix, on commente pour lui pastils, pamphlets, gazettes, les premiers petits journaux dont plus d'une fois le vent fait voler jusqu'à son visage les feuilles barbouillées, — tandis que commencent à se ranger et à s'entasser sur les parapets les piles de bouquins où furettent les amateurs d'Astrées et de belles histoires... Il voit, sous le balancement des manteaux orgueilleux, parader les *raffinés*, bottés à l'entonnoir, cape et rapière à l'espagnole. On lui parle, on le tutoie, on le raille, on le salue. Le moineau chante et fiente sur son front. Pour un marché, pour un pari, un tour de gibecière, on le consulte, il est pris à témoin. L'ivrogne boit à sa santé, la fille lui envoie un baiser et le *grimacier* lui tire la langue. A personne il n'est indifférent. Pas un qui ne le regarde, arrivé devant lui. — Arrêtez! commande à ses porteurs le bourgeois dans sa chaise, et même les Crésus à quatre chevaux se penchent hors du carrosse pour lui dire bonjour. Les voyageurs s'y font conduire. On embrasse le sabot de son cheval comme le pied du pape. Il est consacré. Du milieu du Pont-Neuf, son dernier royaume et le plus sûr, il verra désormais défiler devant lui, comme si c'étaient ses licteurs, tous les autres rois et hommes de France et tous les cortèges, toutes les processions, les armées et les foules, et tous les drapeaux, toutes les bannières, tous les siécles et les empires... et cela sous le même ciel, fin et léger, moiré comme l'eau du fleuve, et dans un décor idéal, intime et infini, qui, à travers ses mille transformations, demeurera, du moins pendant longtemps, ressemblant et pareil, où malgré la poussée de l'humanité, la différence des mœurs, du langage, du costume, du genre de vie et l'inévitable loi de la ruine et de l'écroulement et les atteintes du progrès fatal, il gardera pourtant son charme, son prestige et son caractère éternel.

Durant les années qui suivent, de 1620 à 35, et jusqu'en 40, le Pont, si l'on peut dire, achève sa croissance. Il grandit, il prend corps, il se fait, il se meuble. On y vient commercer. Pas un carré qui n'en soit bientôt occupé, régulièrement, par un des mille métiers du pavé. Toute place y est retenue. D'abord les logettes formant balcons. Les plus forts les prennent d'assaut. Tous les bancs, du matin au soir, sont possédés, à gros derrière, et la nuit les paquets de dormeurs n'en laissent pas un seul pouce de libre. A chaque borne, à chaque coin son affectation, spéciale, acceptée par l'usage.

Ainsi, le pont a-t-il peu à peu rassemblé et ordonné toutes ses clientèles qui, selon la saison, la tournée des heures, y exercent leurs professions, y déploient leurs talents ou y traînent leur badauderie.

Louis-Nicolas de Lespinasse. — Vue prise du Pont-Neuf, en 1787.

(*Musée Carnavalet.*)

Pl. 9.

Chaque classe, état, et condition s'y trouvent, mêlés, constamment animés. Guérisseurs, perruquiers, savetiers, fripiers, rimeurs, bretteurs, acheteurs et vendeurs de tout. Le tonneau du vinaigrier s'accote à celui de la ravaudeuse, et la brouette admire le haquet. A terre, pressés, confondus, fleurs et fruits, ferrailles, volailles. Les fromages, les beurres frais écrasent leur paillasse, et les poissons de rivière et de mer, encore gluants de vie, jutent sur les planches. Tous les bruits, connus ou insoupçonnés, secouent et déchirent l'air. Jusqu'à midi, le cris verdelets du Paris marchand, voix fortes et enrouées par l'aurore, basses d'hommes, faussets de femmes, tous les dia-hue! des charretiers, les caquets de la poule et de la commère, et les sonnettes, cliquettes, grelots, sabots, piailleries, engueulades, prises de bec et de cheveux, et les Holà! de la police augmentant le tapage avec ses coups de crosse, et déchaînant la bordée de sifflets qui gifle ses museaux.

A partir de midi le pont se hausse. Adieu, paniers! Marché est fait! Tous les légumes vendus, enlevés. Plus de grincements de charrettes. Le laitage et les œufs — s'il en reste! — ont repris, sur les flancs de l'âne à longs poils, le chemin de la campagne... A présent le pont devient boulevard, promenade. Sur la toile de fond que, derrière chaque parapet, tend le fleuve, et entre les doubles portants de ses rives, le théâtre de plein air, en un tournemain, dresse ses tréteaux pour la farce et les pantalonnades. On entend jusqu'à l'Arbre-sec et aux Augustins la grêle des claques et le roulement, plus sourd, des coups de pied au c... Les soldats huent le Matamore et ses jurons, qui ne font trembler que les planches. Aussi bien bandée et graissée qu'à la proue d'un navire, la corde raide du bateleur envoie au ciel, comme un tremplin, à chaque coup de son jarret, la danseuse mauresque. On entoure le savoyard dont la marmotte a froid, et le maigre jongleur, à sa petite table en X, où les trois gobelets d'étain, sur un bout de linge, ont l'air d'être son couvert mis. Le chien savant fait le mousquetaire, en face des tableaux, où l'on voit, peints

« par Monsieur Michel-Ange », l'histoire de Cléopâtre... et
la bataille d'Ivry... sonnant le creux sous la gaule du grand
pendard qui tape dessus comme pour en « tomber » des noix.

Les bruits, les appels ne sont plus aussi les mêmes que le
matin. Ceux du tantôt sont pour les fleurs, les sachets, les
massepains, les poudres, les pastilles, toutes les galanteries
d'images, de rubans, et ils se font à petits cris jolis, parlés —
plutôt que poussés — par la voix des jeunesses dont le bras
est nu, l'œil rusé, la main prompte.

En même temps que tous les spectacles qu'elle accompagne,
éclate alors la musique, utile à la joie. Vielles et violons, tim-
bales, tambourins, flûtes, clarinettes semblent dans leur caco-
phonie vouloir tout de même s'accorder pour tenir tête aux
carillons de la Samaritaine ; et c'est au beau milieu de ce cha-
rivari dont l'ensemble parvient à produire un concert, qu'ar-
rivent s'exposer, tout farcis de nœuds, de pampilles, et la
moustache en queue d'aronde, les Blancador fleurant la
bergamote et gantés jusqu'au coude, avec les Clorinde et les
Arthémise « à la Rambouillet », aux frisons en copeaux, gorge
battant à travers la dentelle. — Un homme, — ayant nom
Abraham Bosse — est là, qui les guette, et nous les gravera
demain, dans des festons et des astragales de vers.

Mais voici l'heure du souper. Le soleil couchant baise les
joues et dore les façades. La Seine met sa cuirasse. Une
barque abat sa voile. — Il faut rentrer... grogne le vieil homme.
Les « muguets », sur le poing, emmènent les dames. Le pont
se vide. On en voit les deux bouts. Du ventre des fourneaux
de terre, et du mince tuyau des pipes d'Hollande, monte,
d'abord le fil, puis l'anneau d'argent des fumées, et le cré-
puscule alanguit les cœurs, en bleuissant les toits.

Qu'importe la nuit ! Des beaux soirs d'avril à ceux de l'automne, la fête se continue là, une heure ou deux encore. A
peine un vent frais de cave a-t-il décroché de l'arche où elle y
pendait et a-t-il fait tournoyer sous sa voûte la chauve-souris
réveillée, que les amusements de chaque jour viennent dissiper

le silence et les ténèbres descendus sur l'eau. A la rampe de
pierre et aux frises du ciel s'allument en même temps la chandelle et l'étoile. Enfin, la chandelle s'éteint, et seule l'étoile reste
à briller au-dessus du pont endormi dans les bras de ses rives.

Le peuple à présent parait satisfait. Il digère son bon plaisir. Il a ses quatre statues d'esclaves. Richelieu ne les lui a
livrées qu'en 1635, l'année où est mort Callot. Mais, comme
après les avoir tellement attendues, il les avait oubliées, leur
pose tardive et inespérée a eu pour lui tout l'agrément d'une
surprise. Il en est fier et s'attribue le mérite de les avoir enchaî-
nées, et tirées de si loin jusqu'aux pieds de son roi.

Pendant tout le temps que Dieu laisse perdre à Louis XIII,
il se tient assez tranquille. D'ailleurs, Monsieur le Cardinal
est là qui ne permet pas qu'on remue.

Et puis, cependant, à un an de distance ayant usé leur
destin, Richelieu et Louis XIII, unis malgré eux, se suivent
dans la mort. Associés, ainsi que dans la vie, l'homme toujours occupé et l'homme toujours ennuyé quittent l'un ses
« mémoires » et l'autre ses faucons.

Alors le pont, lassé peut-être d'avoir été si longtemps trop
sage est picoté de turbulence. Il semble que ses marchés, ses
étalages, ses parades, ne lui suffisent plus, qu'il rêve de jouer
un rôle plus élevé, plus avantageux que celui de théâtre de
foire et de promenade publique. Il brûle de s'insurger, de
prendre parti — pour ou contre — dans de grandes luttes. Il
guette une occasion. La Fronde la lui fournit. On peut dire
qu'il l'a préparée et créée, rendue inévitable. Il l'attirait, lui
faisait signe. « Arrive donc chez moi ! » Il devait la déchaîner
et la localiser, en être non seulement le centre, mais le foyer,

le brasier. Entre le Palais où siège et se gourme le Parlement, le Louvre où le jeune Roi, en étant forcé d'obéir, apprend à commander, et le Palais-Royal où règne Mazarin, il est le passage et le couloir fatal, le carrefour indiqué des rencontres et des conflits, le lieu d'afflux et de choc rêvé. Les débitants de refrains satiriques l'avaient choisi exprès, bien avant la bataille, pour y lancer leurs couplets les plus incendiaires, et Gondi et Broussel, deux des grands acteurs du drame futur, y avaient, comme par complaisance, à deux pas de là, leur logement dans la coulisse, en pleine Cité. Le Pont-Neuf était leur antichambre. Ainsi l'émeute put-elle aisément prendre feu à l'heure voulue et à l'endroit même où avaient été, — à dessein ou non — si bien placées les mèches.

Ah ! la belle explosion ! Chaînes tendues et barricades. Carrosses sur le flanc. Mousquets et pistolets. Pommes et pierres dans les carreaux, balles dans les têtes. Et les maréchaux et les chanceliers plus rondement reconduits chez eux qu'ils n'en étaient sortis ! Broussel, *notre père !* enfin rendu libre ! Après le Concini, le Mazarin honni et conspué, qui s'en tire mieux, mais non sans avoir eu grand peur ! et le Béarnais, là-haut, de dessus son cheval, jubile en voyant tout cela. « Toujours ces Italiens ! » Car il est au fond avec son peuple, et son peuple le sait bien. Enfin, le pont, pour la première fois s'essayant à la guerre civile, a fait, autrement que pour rire en mots et en ritournelles, de la politique, active et sanguinaire. Il a éprouvé sa force, il recommencera.

Mais pas tout de suite. Aux facilités momentanées du pillage et aux griseries de la révolte ont bientôt succédé, sur son dos, les rudes mesures de répression. Comme l'avait si justement prévu le Mazarin... enroués de *chanter* et las des représailles qu'ils ont encourues, les frondeurs *payent* à présent, et de maintes manières. Sous peine du fouet et de la prison, nul couplet diffamatoire n'est toléré dans les places, les carrefours, jusque sur le Pont-Neuf ! Louis XIV est un roi sérieux, qui ne comprend pas la plaisanterie. Il n'admet rien qui, d'en bas, comme

Jean-Baptiste et Nicolas Raguenet. — Le Pont-Neuf, vers 1760.

(*Musée Carnavalet.*)

Pl. 10 et 11.

d'en haut, ait l'audace de le juger et même de l'effleurer, dans sa personne ou son gouvernement.

Sans doute on chante encor. En empêche-t-on les moineaux ? Tant qu'il y aura des rues et des Parisiens dedans, on chantera, quoi qu'il arrive, et jusqu'à extinction de voix. Mais à la moindre malice, à la pointe la plus légère, « l'homme d'esprit » est empoigné et sa marchandise détruite. Aussi, depuis que les libraires hargneux, les gazetiers au fiel, les effrontés rimeurs, tous les lanceurs de *brûlots* et faiseurs de *lardons* sont pourchassés et muselés là où précisément ils se targuaient d'avoir, en terrain réservé, conquis de haute lutte leur droit à l'attaque, à l'injure, le pont a beaucoup perdu de sa verve et de son influence. On essaie bien d'y prendre sa revanche en se rejetant sur les particuliers et les plus en vue. A défaut du Ministre et du Pouvoir, les Grands, avec le comique achevé de leurs ridicules et le scandale de leurs vies ont de quoi, Dieu merci ! alimenter et engraisser la Muse ! Mais cette riche matière est, comme l'autre, étroitement gardée. Si le Cardinal et le roi ont leurs chiens de police, les gens de qualité ont leurs chiens de maison, leurs sacripants de valets qui, à coups de trique et de bâtons de chaise vous rouent un poète trop bien doué, fût-il un Saint-Amant, avec autant de propreté que le dernier des gueux ; et quand la leçon du laquais ne suffit pas, celle du bretteur vient vous ôter ensuite, à jamais, avec le goût du pain, celui de la satire.

Pour ces raisons le Pont-Neuf, quoique toujours fréquenté, l'est avec moins de confiance et d'entrain qu'aux temps bénis qui précédaient la Fronde. En le glorifiant celle-ci l'a troublé. Un champ de foire a de la peine a oublier tout de suite qu'il fut champ de bataille. Attirant hier la foule et l'étourdissant par l'éclat de sa santé, de ses audaces impunies, le Pont est devenu soudain un lieu suspect et dangereux. Le badaud y est hésitant et le chanteur timide. Le plus lent se dépêche. En vain l'aboyeur des tréteaux promet *à l'intérieur* des monts et des merveilles, personne n'en veut. L'enfant s'arrête, mais n'entre pas ; et même le malheureux à mâchoire gâtée, qui souffre le martyre, passe devant l'arracheur en détournant la tête et en fermant la bouche. On remarque encore, ici et là, la place où le sang, le vrai, pas celui de Concini, mais celui du peuple a coulé.

En même temps la Garde qui veille aux barrières du Béarnais a bien changé, elle aussi, d'aspect et de nature. Comme ceux des océans, les grands remous des flots humains font remonter à la surface la vase de leur lit. Aux faméliques mais naïfs enfants d'Apollon, aux dormeurs éveillés poursuivant la Chimère, aux anciens soldats de Gascogne étalant leur cuir tanné par les épées succèdent maintenant tout autour du Cavalier de Bronze, les voleurs, les *bravi,* coupe-jarrets et tirelaine. Voilà ses Bassompierre. Et avec eux s'y tasse bientôt toute la désolation des véritables pauvres, des mendiants écroulés dans la hideur d'une nudité décharnée.

Plus, en effet, ce beau règne éclatant, somptueux, avance vers son terme à travers ses portiques, et plus on s'aperçoit qu'en passant dessous il baisse et s'assombrit. Sa marche est encore aussi noble et aussi solennelle, mais c'est une descente, et d'ailleurs le soleil lui-même, — on le sait bien — ne peut pas monter toujours.

En fait, on n'a jamais vu, depuis longtemps, misère pareille, en bas, à celle de cette époque, misère qui s'étend à tous, non seulement aux victimes habituelles, aux prédestinés de la faim, mais au peuple courageux qui peine et qui travaille, aux ouvriers, aux artisans, aux marchands, aux libraires... et à l'innombrable race des amuseurs de tout genre et des « petits métiers » qui vivaient jusqu'ici de la rue et surtout du Pont, tels que ses saltimbanques, ses charlatans, ses jongleurs et comédiens de chariot.

Tout cela se ligue pour donner à ce lieu célèbre et naguère encore si grouillant de gros bonheur, une autre physionomie, agressive ou sournoise. La cordialité s'est retirée des jeux et des disputes. Le rire y menace. Les cris ont cessé d'y jeter la gaîté des dimanches. On y voit plus d'infirmes que de bien portants. Peu de bons habits, beaucoup de guenilles. Les plaies y sortent des haillons et se font concurrence. A toute heure, en plein jour, la chaussée est envahie et battue par les spadassins y opérant comme en ville conquise ; et, plus tard, quand les bouges du quartier ont vomi leurs brigands devenus dans la nuit maîtres du terrain et des quais et soutenus par les chasseurs de gibier militaire qui enivrent et enrôlent de force les garçons pour les beaux yeux du Roi... c'est alors que, le lendemain, plane sur la Seine un brouillard de tristesse ou passe un vent de colère. Mais, vive Louis ! Choquez et bosselez vos panses, brocs d'étain ! et versez jusqu'à ras le vin dans les gros verres ! Et vous, les sacs d'écus, tintez, écrasez-vous sur la table au poing des pourvoyeurs ! Offrez au couteau vos ventres de toile ! Et vous, les cordes volées sur la berge, allons, ficelez-moi ceux qui font les méchants, pour qu'on les jette, en tas, dans la charette ! Et fouette ! Il faut de l'homme ! La guerre nous en dévore et nos armées en manquent !

Henri Quatre n'est pas content.

V

Mais, depuis déjà un siècle et plus qu'on l'a bâti, le pont, cependant, ne dort pas. Il poursuit sa route. En effet l'on peut dire, qu'une fois immergé, un pont de grande ville et surtout de capitale, est assez pareil à un bateau lancé. Il a beau nous paraître fixe, il marche, il accomplit tout le chemin que font, en passant sur lui, les années, et à ses pieds les flots. Au cours de ce long voyage sur place, il subit le contre-coup des événements et des mœurs, l'influence et le caprice des modes, l'alternative des règnes comme des saisons, toutes les variations de température sociale et politique auxquelles sa situation particulière l'expose avec plus de rigueur et d'honneur que tout autre endroit, comme si l'eau du fleuve, qui fut autrefois la raison première de son existence, était destinée depuis, par sa nature même, à en être le miroir le plus fréquent, le plus fidèle.

Entre tous ceux qui se regardent dans la Seine, le Pont-Neuf était qualifié dès lors pour refléter le mieux, au fur et à mesure qu'elles lui passaient entre les jambes, la suite — et la fuite — des âges.

Il semble d'ailleurs que, par privilège, il les ait canalisées. Pendant tout le dix-huitième siècle et même le quart du dix-neuvième, il n'est pas un des principaux faits de l'histoire de France qui, plus encore qu'auparavant, ne soit parti de lui ou n'y ait abouti, ne s'y soit inscrit et gravé, et accompli, du début à la fin, ou n'y ait eu au moins sa répercussion, son écho. Toujours le Pont-Neuf a été le tremplin, le théâtre ou le trajet des choses fameuses. A ce point de vue, il est unique. Il éblouit. Il mériterait, s'il fallait, comme aux rois, lui donner un surnom, qu'on l'appelât *le Mémorable*. Avec l'autorité d'un maître et l'accent d'un orateur, il peut, rien qu'en récitant son passé, de sa chaire de pierre nous apprendre le nôtre; il sait la guerre et la paix, et toutes les guerres, toutes les paix, — leur face et leur revers. A son actif il compte plus de campagnes que n'importe quel vieux soldat. — Combien de fois n'a-t-il pas *rengagé?*... et il détient plus de science que le plus illustre savant, plus de souvenirs que l'aïeul le plus nourri d'années. Il plie — sans rompre — sous l'assaut des leçons, sous le poids des grandeurs et des ruines dont il a été le témoin, puis le gardien, dont il ne sera plus un jour que l'héritier, glorieux et déchu.

De 1715 à 1830 il a tout vu et retenu de notre « essentiel ».

Interrogez-le, il vous répondra.

Sur ces époques, d'abord, si riches, sous Louis Quinze, de lascive douceur, d'allègre insouciance et de vie enragée..., il n'aura pas assez de son temps et du vôtre pour vous accabler du récit de ses plaisirs et vous soupirer ses regrets. Ah! la délirante aventure! et qui, pendant soixante ans, dura, brûla, tous les jours, en n'ayant l'air de se ralentir épuisée chaque

G. Canella. — Le Pont-Neuf, en 1830. — (Collection A. Pereire.)

soir, que pour mieux courir masquée la nuit, et se renflammer chaque matin ! Plus que jamais le Pont redevient le théâtre perpétuel et tumultueux où se jouent à toute heure, étroitement mêlés, et s'enlèvent dans le *brio*, le drame et la comédie du Paris frénétique. On n'avait qu'à aller là, la cervelle aussitôt cassée et éclaircie par les cymbales, et qu'à entrer, gratis et sans façon, dans le parterre de la foule... et debout, assis, ou en marchant, qu'à regarder de tous ses yeux, et, écouter de toutes ses oreilles, et qu'à observer, cueillir, prendre avidement avec son esprit ce qui l'assaillait mille fois par minute, pour posséder du haut en bas l'image complète et touffue de la société, et en saisir l'étonnant caractère. A quoi bon chercher ailleurs ? Quel gros livre en latin aurait su mieux nous documenter que cette vivante encyclopédie écrite en français par un peuple ? Tout se donnait la peine de se rassembler en cet endroit propice afin de s'y exposer comme sur un piédestal, un tréteau, une estrade — ou un pilori. Toutes les classes se coudoyaient, se heurtaient, échangeant saluts et horions, brocards et révérences. Les mollets de laine et de soie y pelotaient à chaque pas au va-et-vient des bâtons et des cannes. Les épais souliers noirs de Jeaurat, de Chardin, ne se gênaient pas de s'y épater auprès des talons rouges. La fille et le capucin, la procureuse et la nonnette s'y reluquaient du coin de l'œil avec les bergers de couvents et les Lucas de potagers ainsi qu'en un conte de La Fontaine. On entendait le sabot rudoyer l'arrosoir et la roue du carrosse écraser le pied du manant deux fois plus large qu'elle. Les coureurs bondissaient plus haut que des chevreuils devant les équipages, en secouant un front empanaché comme s'ils avaient pris son couvercle à la hotte du limonadier pour s'en faire un chapeau de plumes. On frisait, on poudrait. Cornet et savonnette. On « coupait » les chats et les cheveux et l'on tondait les chiens aussi ras que les bourses.

Autour du Béarnais, comme au bas d'un autel, c'étaient maintenant des reposoirs de fruits, et des tapis et des prie-

Dieu de fleurs. Des coussins d'abricots ; les prunes se roulant
par terre avec les œillets ; la tubéreuse et le narcisse de Constantinople ayant l'air de pousser entre les flancs des poires.
Même chose pour les cris et les odeurs se mariant, se repoussant « — Lavande ! — Harengs frais ! — Portugal ! — Mes
saucisses ! » D'une narine on hume la jacinthe et de l'autre la
gaufre. Ici l'écolier de Saint-Aubin, son carton vert sous l'ais-
selle, avise une toupie, près du vieux goutteux qui s'échauffe
aux grâces des estampes, et là, le colporteur enroué prône aux
dindons sa pacotille.

Même au plus pesant de l'été, même aux plombs de midi,
toujours il y souffle du vent. Jamais de calme plat. Par tous
les temps le pont est aéré. La brise le rafraîchit, l'anime... et
le balaie. Il a ses zéphirs et son aquilon, et, comme en Avignon
son frère de province, il a aussi son mistral, car on danse sur
la Seine autant que sur le Rhône, la marionnette au bout de
son fil et la fillette au bras de son sergent. Tout y tourne à la
fois, les jupons et les têtes, le moulin de papier, le fichu perdu,
la feuille morte et l'hirondelle. Les opiats, les onguents tom-
bent, lancés de loin, dans le creux des tricornes, et la roue de
la Loterie, de sa voix de Polichinelle, annonce la fortune.
L'écumeur du ruisseau balance et fait tanguer les chapelets de
rats pendus par le filin de leur queue aux vergues de sa
mâture, avec autant d'orgueil que le gros Thomas, couronné
comme un roi de Thespis, et brassant de sa terrible poigne les
Saint-Esprit et les Toison-d'Or de dents arrachées qui barrent
sa poitrine. Apothicaires, médecins, pédicures, baumes souverains, remèdes supprimant toutes les maladies... on vous
trouve... à ne savoir qu'en faire... avec des béquilles pour le
boiteux, et pour le borgne, des yeux de cristal...

Quoi encore ?

... De jolies bêtes, des serins, *serinés* au pays des tulipes,
des sapajous en habits d'amiral, des oiseaux rapportés tout
chauds des Iles-sous-le-Vent.. et des petits chiens à gimblettes,
papillons tendres cravatés de bleu, carlins ressemblant à

Zamore, toute une ménagerie de boudoir et de manchon où l'on est pâle de choisir... Le perroquet, — s'il parle, — est assez demandé, le singe est hors de prix, et la souris pour rien.

Mais, attendez! Le Carnaval qu'on dirait du dehors, l'unique affaire du pont, n'en est que le gros et moindre côté, celui du plaisir et du tintamarre. En même temps que ces folies et au milieu d'elles passent, — tantôt les dispersant et tantôt ne paraissant pas les troubler, — les gloires du jour ou ses hontes, ses drames, les grandes questions et les grands personnages, les grands vivants et les grands morts, les casques des armées, les pourpres, les hermines, les simarres des Parlements, les chapes de l'Eglise, les cavalcades, les cortèges pour la naissance et le décès des rois, pour leur entrée, leurs fièvres malignes, leur guérison, la signature des traités... et les feux d'artifices pour les reines, leurs épousailles et leur accouchement... et toutes les processions de la Fête-Dieu, de Sainte-Geneviève, et tous les Saint-Sacrements sous les dais de la Saint-Louis, et enfin tout ce que les dangers, les épidémies, la guerre et les invasions, les impôts, la misère, et le froid et le chaud, la famine, l'émeute, et la victoire et la défaite, et l'amour du sol et la soif du sang, l'esclavage et la liberté sont capables de produire à Paris, *chez lui*, dans son cœur, sa tête et son bas-ventre, et d'amener *là*, toujours, au plus beau moment, sur le Pont.

En ai-je trop dit? — Pas assez. J'en passe, et j'en oublie. Sujet inépuisable. Il déborde, il vous noie. Tous les ponts de Paris et de France, mis bout-à-bout, n'arriveraient pas à contenir et à endiguer la mer immense des événements dont le Pont-Neuf, par prédestination, devait être le chemin, l'écluse, ou la falaise.

A partir de 1780, le flot s'en trouble et s'y amène avec une espèce de force hâtive et méchante où se trahit, par en dessous, son impatience des catastrophes. Les rois, qui se plaisaient à faire, à différentes dates consacrées de l'année, une visite à leur aïeul, quittent cette habitude. Ils ont perdu la piété filiale. Est-ce que le Pont a trop vertement houspillé Pompadour et Dubarry, et que Louis Quinze le boude ? Dans tout son règne, il n'y vient que deux fois... et Louis Seize une seule, comme si ce dernier, quoique privé de toute prévoyance, avait cependant compris, dans une lueur, que l'endroit lui serait funeste et que de là s'élèverait l'orage où peut sombrer un trône. Aussi Henri Quatre connaît-il à peine ses petits-fils ingrats. S'ils passaient, mêlés à la foule et sans leur appareil qui montre seul « que c'est bien eux », il ne les reconnaîtrait pas pour ceux de son sang.

Peut-être, d'ailleurs, lui, qui a vu beaucoup de choses et les a retenues, a-t-il l'appréhension de celles qui s'amassent dans le ciel encore serein ? Après tant de ministres, de tout-puissants, et de populaires d'un jour qu'on lui a, — croyant l'honorer, — pendus à sa barbe, et brûlés, en effigie ou pour de bon, voici le tour de Maupeou, de Calonne et de Brienne dont les images de paille, faute de mieux, lui sont balancées sous le nez, avec la corde au col, ou flambés, comme fagots de la Saint-Jean. Mais le peuple a beau l'adorer toujours et lui planter des cierges à sa grille, et se prosterner à ses bottes, ce culte et ces vêpres-là ne lui tirent plus qu'une grimace. Il sait de trop longue date « comment ça commence », il renifle déjà comment *ça ira*... et ça finira, pour tout le monde, pour les rois qui ne règnent plus, pour son bon peuple, aspirant souverain, et même pour lui, l'idole. Alors penché sur l'encolure, il en parle à son Bucéphale — « Tiens-toi ferme, l'ami. On pourrait bien, un de ces trois matins, désarçonner ton Alexandre ! »

Et voilà qu'un jour de juillet il observe un grand désordre. Assemblement et grondements de foule, imprécations, cla-

WELTER. — Le Pont-Neuf en hiver, en 1837.

J. JACOTTET et A. BAYOT. — Vue prise du Pont-Neuf vers 1840.

meurs, tocsin, gerbes de baïonnettes... — Le corps de garde pacifique au seuil duquel fumaient, près de lui, les joyeux La Ramée, est pris d'assaut, le sang coule, et, traînés par des gens qui vont bras et pieds nus comme des prisonniers allégés de leurs fers, quatre canons, les premiers, ma foi, qui viennent — depuis un siècle et demi qu'il est là, — lui souhaiter le bonjour, sont rangés et calés contre sa balustrade, non seulement comme pour y prendre position mais y élire domicile. — Ho! Ho! pense l'homme de bronze : « Nous semble que Paris se fâche! Que veulent ces hochets ? »

Il n'a pour l'apprendre qu'à écouter.

On lui en dit le nouveau nom, dont la Nation, leur marraine, à l'instant les baptise.

Ce sont les *Canons d'alarme.*

Ils sont là pour aboyer, aussi fort et aussi souvent, et aussi longtemps qu'il faudra.

Ils sont là pour donner l'éveil, jeter le cri du coq de l'alerte ou celui du triomphe, enflammer le courage, ameuter les tambours, commander : Aux armes! accuser les Tyrans, griser les Citoyens, prédire la Justice... annoncer qu'elle est faite.

Et sans plus attendre, à l'instant même, ils tirent.

— Comment? Déjà? Pourquoi donc?

— Sire, c'est que la Bastille est prise.

— Ventre Saint-Gris ! La vieille Bastille !

Henri Quatre en craque sur sa selle.

A partir de ce moment les canons, à peine déchargés, sont à tour de bras, bourrés et rechargés. Ils tirent sans cesse. Ils tirent pour tout.

Ils tirent le 5 octobre, quand le peuple va chercher à Versailles le boulanger, la boulangère et le petit mitron, et quand il les ramène.

Ils tirent pour les quinze cents paysans qui, partant du Pont, la pelle et la pioche sur l'épaule et roulant les femmes dans les brouettes, vont remuer la terre au Champ de Mars afin d'y préparer la Fédération...; et le jour de la Fête, ils tirent pendant la Messe où Talleyrand boite devant l'autel.

Ils tirent le 21 juin 91 pour le retour de Varennes.

Ils tirent le 22 juillet 92 pour *la Patrie en danger*.

Ils tirent pour les enrôlements, pour les banquets civiques, les danses nationales.

Ils font l'orchestre, ouvrent le bal.

Ils tirent pour accompagner le refrain des chansons.

> La Patrie est en danger,
> On va vous égorger.
> Affligez-vous fillettes !
> *En avant la queue du chat !*

La semaine d'après, des bandes en carmagnole et cocarde au bonnet, chaussées de boue et poudrées de poussière, arrivées le matin toutes suantes du Midi, font irruption sur le quai. Elles entonnent un chant, superbe et terrible, inconnu. Il mugit ici pour la première fois.

— Qu'est-ce que c'est que ça ? s'inquiètent certains.

— La Marseillaise ! hurle la voix du peuple.

On la sait d'ailleurs, déjà partout en France, et hors de France.

Un de ces mêmes jours, à Dijon, un petit garçon qui l'entend dans la rue, lui aussi demande à son père :

— Qu'est-ce donc qu'on chante là, papa ?

— *La Marseillaise*, mon fils.

C'est Rude. Il a huit ans.

Ainsi tout, dans le Pont-Neuf, est merveilleux, possède son mystère, abrite un dessein. Cette *Marseillaise*, qui débute et résonne à Paris, sur un *pont*, et sur celui-là... où pensez-vous que plus tard elle ira prendre sa stature définitive et s'immortaliser à nos yeux dans la pierre ? A un autre *pont*, mais, celui-ci, qui n'a qu'une seule arche...

Arche immense d'un pont du ciel.

... A *l'Arc de Triomphe*, qui s'élève là-bas, là-haut, à l'autre bout de la capitale, dans les *Champs-Elysées*, dont il sera la porte à la barrière *de l'Etoile*... au pont sous lequel, autres flots que ceux de la Seine, passeront à pied sec les âges, les armées, et que la France, enfin, offrira pour alcôve au *Soldat Inconnu*. Quelle situation! Quels enchaînements! Quels noms! Quelle harmonie!

Cependant, nos canons de la Cité continuent de tirer.

Ils donnent, dès la veille, en pleine nuit, le signal du 10 août.

Ils tirent le lendemain pour la prise des Tuileries, pour la destruction des statues royales.

En un jour, toutes sont couchées, devenues des *gisants*, mais brisés, démembrés... celles de Louis XIV à la place Vendôme et à la place des Victoires, celle de Louis XIII à la place Royale, celle de Louis XV à la place Louis XV. On écume à les insulter, à les souiller, on s'asseoit sur leur visage, et l'on roue de coups leurs grands chevaux, qui, tombés sur le flanc, ne se relèvent pas.

Le 12 au matin il n'en reste plus qu'une debout, dans tout Paris, celle de Henri IV.

On hésite... — « Oh! celui-là tout de même! Il est si gai, si brave! »

Il a l'air de dire: Osez donc!

Et puis, le soir même, à son tour, il mange la terre.

Il sourit toujours. Son beau front fendu, se bossèle, effeuillant ses lauriers, et lui et sa monture, en moins de temps qu'autrefois il ne leur en fallait pour venir du Louvre et se mêler au peuple, ils sont découpés, dépecés par ceux-là même qui devant eux s'agenouillaient hier, et s'en disputent aujourd'hui les morceaux comme des chacals. Qui sait si l'un d'eux, rapportant chez lui sous son bras la tête égueulée du Roi, n'en a pas fait sa marmite pour y cuire la poule au pot?

Du moins, après que la fumée des canons a mis un dernier panache blanc autour des tempes du Béarnais, ceux-ci se reposent-ils ?

Non. Ils tirent encore, ils tirent toujours. Ils sont fous. Leur culasse brûle. Ayant pris leurs aises sur le terre-plein dévasté où maintenant l'herbe pousse, où les pilleurs de nuit viennent gratter le sol avec l'espoir d'y déterrer un doigt, une oreille du roi... ils tirent pour les Massacres de Septembre.

A la mort de Louis XVI... ils demeurent cois. C'est que la tête de Capet tombant dans un panier ne vaut pas la peine qu'on gaspille un litron de poudre pour elle.

Mais pour la pompe funèbre de Lepelletier Saint-Fargeau, pour la Chute de la Gironde, pour l'apothéose de Marat célébrée devant eux, pour toutes les charrettes qui du matin au soir viennent du quai de l'Horloge et, bien lentement, défilent sur le Pont, du sommet duquel les condamnés revoient, embrassent tout le Paris de leur bonheur, le cours infini de la Seine et celui de leurs jours... Ah ! pour ceux-là... ils tirent ! ils tirent ! Le vieux cheval du bourreau n'en a pas un écart. Il est habitué.

... Et pour les culbutes de Danton, de Robespierre... et de tant d'autres... ils tireront aussi, avec la même régularité. Jusqu'à Thermidor.

Puis, un beau matin, sans tambour ni trompette, ils retourneront avec un hoquet de ferraille, au coin de caserne, obscur, d'où ils étaient venus.

Mais, tandis que, pendant les années qui suivent, le Pont, barbouillé de rouge et encanaillé, reprend sa vie intense, un personnage est au loin qui s'apprête à le nettoyer, à le remettre en ordre. Il le connaît bien d'ailleurs, il en vient. Il y a presque demeuré.

CHARLES MÉRYON. — Le Pont-Neuf, vers 1852.

AUGUSTE LEPÈRE. — Le petit bras de la Seine.

Vers 1784, alors qu'il commençait à porter l'uniforme, il logeait quai Conti, dans une mansarde, au coin de la rue de Nevers. Il en descendait, à chaque instant, pour aller en face sur le pont où déjà, la main derrière le dos, il marchait de long en large, ainsi qu'en un cabinet, ou bien, accoudé, méditait, des heures, l'œil fixé vers les Tuileries. Se doutait-il, en ce temps-là, que le Pont-Neuf, pour le récompenser, lui préparait, ici Vendémiaire... en attendant Arcole, et qu'il y repasserait un jour Consul, puis Empereur, mais sur un pont maté, bien sage, embourgeoisé, dont les cloches de son avènement sonneraient le déclin?

La Voie Sacrée, en effet, est de moins en moins parcourue. Elle languit. La joie du peuple y baisse et s'en détourne. Il semble que ce vieux chemin, si battu de gloire, eût été trop foulé, trop piétiné, blessé par trop de générations, et que son sol épuisé, tout-à-coup, repousse désormais la vie. L'Histoire elle-même, paraît oublier qu'il existe. Il ne s'impose plus à son itinéraire, et elle, comme dégoûtée de son ancien trajet, chaque fois que c'est possible elle s'esquive et file ailleurs.

Le retour de Louis XVIII ranime à moitié le passage classique des entrées royales, mais l'équipage du Bourbon grossi n'est plus qu'une calèche, après tant de carrosses! et même une calèche qui sent la berline, aussi son effet ne dure-t-il pas plus longtemps que le bruit de ses roues; et quoique, dès 1814, la statue du Béarnais ait retrouvé au Terre-plein son ancienne place, le peuple, en reportant la main sur le cheval et sur le cavalier, a senti qu'il ne caressait que du plâtre, et compris que les vrais, ceux de bronze, étaient encore à venir.

Enfin, dernier affront, dernier signe fatal, les révolutions ne prennent même plus la peine d'honorer le pont de leur présence, de le dépaver, d'y dresser leurs barricades, d'y planter des drapeaux, de l'enguirlander de fleurs ou de l'arroser de sang. Celles de 1830 et de 48 se passent de lui. Il n'en est pas.

Après ce dédain, c'est la mort.

VI

Aujourd'hui le Pont-Neuf se survit, mais comme un cadavre bien conservé, qui, par artifice ferait encore, ça et là, quand on y touche, quelques mouvements.

En réalité il n'est plus. Il n'en reste que la carcasse, et l'âme s'en est envolée ; partie avec tous ceux qui, pendant des siècles, prenant plaisir à ce lieu sans pareil, y riant, y pleurant, y vivant et y mourant parfois, lui ont donné la leur dans ce qu'elle avait de plus vif et de plus délicat, de plus léger et de plus profond, de plus élevé, de plus achevé... des rois aux pauvres gens, des reines aux bouquetières, de Henri IV à Napoléon, de Rabelais à Voltaire et à Diderot, de Montaigne à La Bruyère et à Jean-Jacques, de Mirabeau à Madame Roland, de Molière à Pasteur. Combien de pages faudrait-il, — en ne choisissant que les plus fameux — pour y coucher les noms de tous ceux qui en ont été les habitués, les quotidiens ? Dès qu'on y pense on en est confondu, et ce qui étonne surtout, c'est le miracle que tant de milliers d'hommes et d'évènements aient pu — quoique bien entendu sans arriver ensemble, mais chacun à son tour et dans la chronologie de sa destinée — tenir cependant et même ne faire qu'apparaître et disparaître dans cet endroit aussi restreint. Quoi ? Tout cela ? Si nombreux, si considérable ? Et dans si peu d'espace ! Un océan dans le creux de la main. Et puis bientôt, à mieux regarder, il saute à l'esprit que ce n'est pas le cadre, — auquel il semble les assujettir, — qui, pour l'homme et l'événement, règle leurs exactes dimensions, et qu'au contraire, en général, celles-ci sont en raison inverse de celui-là ! Observez-le : les bordures démesurées ne renferment bien souvent que d'infimes choses, tandis que le Forum, dont l'exiguité nous déçoit à première vue, a contenu des mondes ; et jusque dans la vie courante il en va de même. Les « grands hommes » ont des petits lits.

Ainsi donc, après avoir été une des merveilles de France et la promenade de Paris, le Pont-Neuf, démodé, déchu, n'est plus qu'un pont comme les autres. On y passe, on le traverse, et voilà tout. Sans doute il a son histoire, incomparable, unique, mais quel jeune homme vient maintenant l'apprendre chez lui? Quel homme même la relire? Qui, pour y aller exprès, se dérange, ou simplement pour le plaisir de le traverser, rallonge son chemin? Nul Watteau, nul Ronsard — si notre époque en produisait encore — ne pourraient plus y peindre ou y rimer. Il n'inspire plus personne. Veuf de toutes ses clientèles de jadis, il reçoit de rapides passants qu'il avale avec indifférence. Il compte encore quelques amis, chaque jour plus rares, il n'a plus de dévôts. Et puis à présent les voix magnifiques lui manquent. Ne dites pas non. Quel Châteaubriand vient y traîner ses songes? Quel Michelet s'y halluciner? Quel Hugo s'y engouffrer dans des visions surhumaines? Ceux-là, qui méritaient vraiment de le chanter, sont tous morts, emportant vite leur génie et sans laisser d'enfants pour ramasser leurs rêves. Pont-Neuf! tu n'es plus qu'un cimetière, au milieu et au-dessus duquel, entre d'impalpables tombeaux, se dresse, heureusement, toujours visible aux regards et parlant aux cœurs, l'avigourante statue de notre Henri IV. Il suffit, lui tout seul, à ressusciter le passé, à combler tous les vides, à ramener au coin de nos yeux l'éternel et pétillant sourire allumé dans les siens. Il fait plus, il peut à l'occasion, ce sublime jovial, apaiser la douleur.

Méditez ceci.

Cette année même, à la fin du mois d'août (quelques journaux ont relaté la chose) un nouveau-né, respirant encore, fut découvert à l'aube, sur le Pont-Neuf, aux pieds du Béarnais, avec ces simples mots épinglés à ses langes: Je *vous* le confie.

— Eh bien oui, allez-vous me dire, à *vous*, le premier passant, qui le trouverez.

— Mais non! A *Lui*, au Roi, au Père... à *Celui*-là que, dans sa détresse, une pauvre mère a jugé le plus digne de recueillir son enfant et le plus capable de le sauver.

Et même je me plais, en la transfigurant, à voir dans cette femme au geste si beau, comme un symbole de la France, épuisée par la Victoire, et venant, elle — non pas pour le lui abandonner mais pour le lui consacrer — mettre aux pieds du plus aimé des rois, le fardeau de son avenir.

Henri LAVEDAN
de l'Académie française

CHAPITRE PREMIER

L'EMPLACEMENT DU PONT-NEUF

LA POINTE DE LA CITÉ

URANT la période gallo-romaine, l'île de Lutèce n'offrait ni la physionomie ni la superficie qu'elle présente actuellement : au lieu de dix-sept hectares aujourd'hui, elle n'en avait guère plus d'une dizaine. Il est très probable, d'ailleurs, que la terre ferme et habitable de la Cité n'avait pas, à l'Ouest, l'étendue qu'on lui a souvent accordée. A la période gallo-romaine, « l'extrémité actuelle de l'île ne devait être qu'un assemblage d'atterrissements marécageux et le plus souvent couvert par les eaux [1]. » On a justement remarqué que les vestiges rappelant l'occupation romaine n'ont pas été retrouvés, de ce côté, plus à l'ouest que la cour de la Sainte-Chapelle ou la cour de Mai, bien que le sous-sol

(1) F. G. de Pachtère, *Paris à l'époque gallo-romaine*, p. 17.

y ait été l'objet de nombreuses fouilles depuis le XVIIe siècle [1].

Un certain nombre d'îlots l'entouraient et leur rattachement a sensiblement augmenté, dans la Cité moderne, la superficie de l'île primitive. L'extrémité orientale de la Cité est ainsi formée par un terrain rattaché, de même que le quai des Orfèvres, depuis le boulevard du Palais jusqu'à la façade occidentale du Palais de Justice. Mais c'est surtout à l'Ouest qu'un groupe d'îles prolongeait la Cité ancienne, et cette constitution devait subsister jusqu'à la création du Pont-Neuf qui vint bouleverser toute la configuration primitive de la grande île parisienne sur ce point.

L'apparence de la Cité elle-même était, extérieurement, tout autre qu'aujourd'hui. Elle demeurait une île basse, aux bords marécageux, peu élevée au-dessus de l'eau qui, en temps de crue, menaçait de la recouvrir presque entièrement; ce risque permanent explique les travaux de remblai qui, pour la protéger, en ont surélevé le sol de 4 à 7 mètres, selon les endroits. Par un lent mais continuel exhaussement, elle devint peu à peu plus habitable et son développement put suivre dès lors celui de la navigation sur la Seine.

Les trouvailles archéologiques faites dans certaines parties du sous-sol de la Cité permettent de se figurer le centre important de population qu'elle était devenue, à l'époque du Haut Empire; mais elles sont trop localisées au centre de l'île, pour donner une idée de ce qu'était même l'organisation défensive de la pointe occidentale, avant les invasions du IIIe siècle.

Les barbares qui ravagèrent la Gaule dès la fin du IIe siècle, forcèrent en effet les Parisiens à se réfugier dans l'île et à en modifier le système de protection. Le désastre fut beaucoup plus grand à la fin du IIIe siècle et si la Cité fut épargnée, ce fut, sans aucun doute, en assistant, tous ponts coupés, isolée et protégée par le fleuve, au ravage et à l'incendie de la ville de la rive gauche. Ces invasions provoquèrent la construc-

(1) E. Clairin, *Les agrandissements du Palais sous Philippe le Bel*, p. 27.

tion d'une sérieuse enceinte fortifiée et l'on sait, d'après le meilleur texte du *Misopogon* de Julien [1], que le mur de défense enserrait l'île entière, au moment où l'Empereur habitait Paris, de 358 à 360; des fouilles ont permis d'en reconnaître le tracé sur un grand nombre de points, sauf aux deux extrémités orientale et occidentale. D'après les constatations faites ailleurs, il est permis de croire que, étant donné les conditions topographiques que la Cité offrait à l'Ouest, le mur de Lutèce s'y élevait à une distance de 20 à 35 mètres de la rivière même.

Dans l'île, où la population s'était de plus en plus concentrée, les troupes romaines elles-mêmes durent tenir garnison; plusieurs empereurs s'arrêtèrent d'ailleurs à Paris dans la seconde moitié du IVe siècle, et le nombre des habitants devenant plus important, il est logique de supposer que la pointe Ouest de la Cité dut subir alors un réaménagement qui la transforma en peu de temps. L'exhaussement de l'île, qui devint général, se fit sentir là comme ailleurs: le sol atteignit alors rapidement un niveau inférieur, en moyenne, d'un mètre seulement à l'altitude actuelle. « Le sol s'est plus exhaussé durant les deux siècles du bas-empire que du VIe siècle à nos jours » [2].

La pointe occidentale de la Cité ainsi surélevée paraît bien avoir été occupée par un édifice officiel que l'on peut identifier avec le palais militaire et impérial; c'est là, très vraisemblablement, et non pas aux Thermes, que demeurèrent les empereurs du IVe siècle et en particulier Julien [3]. Chilpéric et Frédégonde devaient habiter dans cette région où s'élève aujourd'hui le Palais de Justice qui y perpétue, depuis l'époque carolingienne, la tradition du palais royal. On imagine que ce palais tirait son agrément de sa situation privi-

---

(1) C. Jullian, *Revue des Études anciennes*, 1902, p. 44, note 2.
(2) F.-G. de Pachtère, *op. cit.*, p. 150.
(3) C. Jullian, *Le Palais de Julien à Paris. (C. R. de l'Acad. des Insc. et Bel.-Lettres*, 1902), p. 14.

légiée, un peu à l'écart du centre commerçant, à l'abri de l'enceinte contre laquelle il s'appuyait probablement, avec des jardins assez vastes et la proximité de l'eau, si limpide et si bonne à boire, au dire de Julien. C'est là qu'en 508 dut s'installer Clovis, récent vainqueur de Vouillé, dans un Paris nouveau qui commençait à devenir la capitale de la France.

Sous le règne de Childebert, une tour se dressait à la pointe des jardins, avec le rôle de défendre les deux bras du fleuve; elle est mentionnée dans l'acte de donation que le roi fit en 558, à l'église Saint-Vincent et Sainte-Croix (plus tard Saint-Germain-des-Prés), qu'il venait de fonder : les moulins sur la Seine donnés à la nouvelle église sont dits être situés entre la porte et la tour [1]. Il n'est pas absolument certain pourtant que cette tour ait résisté victorieusement aux attaques des Normands à la fin du IXe siècle, car elle avait dû périr, comme toutes les autres constructions de l'île, dans le terrible incendie qui ravagea la Cité en 586, à moins qu'une seconde tour l'ait remplacée.

Peu à peu, on gagna du terrain sur les marécages de la pointe et c'est ainsi qu'au XIe siècle, Robert le Pieux put construire son « *palatium insigne* », selon l'expression du chroniqueur Hegaldus, sur l'emplacement occupé actuellement par la Chambre des appels correctionnels [2]. Le jardin s'étendit sensiblement, comme le Palais, et d'autant plus facilement que la nature du terrain convenait mieux à des plantations diverses.

Ce jardin n'était pas uniquement d'agrément, mais devait comprendre d'assez vastes vergers ou plantations fruitières dont la nécessité devenait de plus en plus grande avec le développement important pris par les services de la maison royale à partir de cette époque. Aussi, n'est-on pas surpris de voir Louis le Gros, fondant la chapelle de Saint-Nicolas, au Palais, attribuer au chapelain, en traitement, six muids de

(1) *Paris à travers les âges,* t. II, p. 5.
(2) E. Clairin, *Les agrandissements du Palais,* p. 27.

La pointe de la Cité au début du xv⁰ siècle,
d'après les *Très-riches heures du duc de Berry*. — (*Musée Condé*, à Chantilly.)

vin à prendre sur la récolte des treilles du jardin. Louis VII le Jeune renouvela, en 1160, la donation de son père et confirma expressément que ces six muids de vin devaient être pris dans « *la treille royale derrière le Palais* » [1]. On voudrait être certain que c'est dans la paix de ce vaste jardin que saint Louis rendait la justice. En 1296, une inondation terrible le ravagea, au point que, d'après une chronique anonyme, on passait « *à batel par-dessus les murs du vergier le Roy* » [2]. Une porte ouverte dans l'enceinte du Palais faisait communiquer le jardin avec la berge de l'extrémité de l'île [3].

Toute cette pointe de la Cité est mentionnée dans l'ordonnance par laquelle le Dauphin Charles, en 1359, donnait à son fidèle écuyer, Philippe de Savoisy, concierge du Palais, les pouvoirs d'un bailli ; elle lui concédait toute juridiction sur une zone nettement délimitée, « *tant qu'il y a terre sèche autour du Palais* ». C'est ce texte qui permit au bailli, beaucoup plus tard, lors des troubles de la Fronde, de pendre des malandrins sur le terre-plein du Pont-Neuf. Vers la même époque, Hugues Aubriot fit faire, pour la partie du sud-ouest de la Cité qui est devenue le quai des Orfèvres, un travail de terrassement par des escouades de vagabonds embrigadés de force, tout exprès [4].

C'est de cette extrémité de l'île déjà ainsi améliorée que Charles V, recevant au Palais l'empereur Charles IV, fit embarquer son hôte le 7 janvier 1378, dans le « *batel royal* », pour l'emmener visiter les constructions du nouveau Louvre. Ce détail prouve dans quel état affreux se trouvait à cette date le

---

(1) « *In trelia nostra retro palatium* ». — A. Luchaire, *Étude sur les actes de Louis VII*, n° 440 ; et R. de Lasteyrie, *Cartulaire général de Paris*, t. I, n° 418.

(2) Ce jardin fut toujours, par la suite, envahi par les moindres crues ; aussi, quand le président de Harlay construisit la place Dauphine et que la Ville entreprit d'aménager les quais de l'Horloge et des Orfèvres, fut-on obligé de surélever considérablement le sol des îles rattachées alors à la Cité, pour obvier à cette perpétuelle menace.

(3) Philippe le Bel en fait mention, en mars 1314. Ce n'est que plus tard, comme on le verra plus loin, que l'on y construisit la maison des Étuves, dont on ne relève trace qu'à partir de 1428.

(4) *Paris à travers les âges*, t. II, p. 28.

chemin qui descendait le long de la rive droite de la Seine, du
Pont-au-Change vers le nouveau palais royal : ce n'était même
pas un quai, puisque des jardins et de nombreuses tanneries
l'occupaient en partie, si bien qu'il fallait faire le tour par la
rue Saint-Honoré.

La gêne que l'on éprouvait déjà à ne pouvoir communiquer
que par voie d'eau de l'extrémité du Palais aux environs du
Louvre fit surgir alors l'idée de les réunir par un pont qui,
deux siècles avant Henri III, aurait réalisé le Pont-Neuf, du
vivant de Charles V. Un acte du Parlement, en date du
12 septembre 1378 [1], a conservé quelques détails sur ce
curieux projet. Le Parlement se réunit ce jour-là, toutes
chambres assemblées, et s'adjoignit le clergé de Notre-Dame,
ainsi que les habitants les plus notables du quartier, « *pour
avoir advis sus la construction du pont qu'on a advisé de faire au-
dessoubs du Petit-Pont à l'endroit de la pointe du Palais...* » L'una-
nimité se fit sur la nécessité de réaliser ce projet et les deux
commissaires chargés de l'affaire donnèrent ordre au prévôt
de Paris de faire « *ouvrer et procéder à la construction du pont* ».
Mais Charles V allait bientôt mourir et le changement de règne
vit s'évanouir ce beau projet dont on perd ensuite toute trace.

Il faut arriver au début du règne de Charles VII pour
trouver mention, en 1428, à cette pointe de la Cité, d'un
bâtiment qui jouera un certain rôle jusqu'à la construction du
Pont-Neuf, *le logis des Estuves du Palais* [2]. On a dit qu'on ne
pouvait pas pénétrer par là dans l'enclos du Palais, si l'on se
réfère aux plans du XVIe siècle : cependant, une précieuse
miniature des *Très riches heures du duc de Berry* [3] conserve une

(1) Arch. Nat. X¹A 1471, fol. 245; et non pas en 1379 comme l'a dit L. de Laborde
dans sa préface à E. Boutaric. — *Actes du Parl. de Paris*, p. LXVIII, n. 2. Il n'est nulle
part question dans ce texte de devis, ni de première annuité de dépenses, ni de commencement de fondations, comme l'a écrit le savant directeur des Archives, qui conserve du
moins le mérite d'avoir le premier fait mention de cette délibération si intéressante.

(2) Arch. Nat., P. 1189. — Jaillot. *Recherches sur Paris, Cité*, p. 185. — A. Lenoir,
dans son *Plan de Paris de 1285 à 1315*, l'y fait déjà figurer; nous ignorons sur quel document il s'appuyait. — V. E. Clairin, *Les agrandissements du Palais...* p. 27.

(3) Musée Condé, à Chantilly.

vue très intéressante de l'extrémité de la Cité au début du
XVᵉ siècle et, à la pointe de la muraille enserrant le jardin du
Palais, on distingue un édifice de deux étages en encorbellement qui communique avec l'extérieur par une porte et un
perron. Derrière l'enclos, apparaissent les treilles du jardin
royal. Le bras de la Seine séparant la Cité de l'île voisine,
dite « aux Bureau », y est nettement indiqué : une rangée de
saules pousse au bord de cette île où, dans la saison des foins,
les faucheurs venaient couper l'herbe que fanaient les femmes.

Ces étuves, destinées à la maison royale, devaient être semblables à celles que l'on sait avoir existé au Moyen-Age dans
les hôtels des grandes familles parisiennes et à celles qu'il y
eut à l'hôtel Saint-Paul et au Louvre; c'étaient des pièces
pavées de pierre et entourées de lambris de bois : les cuves
étaient le plus souvent en bois d'Irlande, ornées de bossettes
dorées et cerclées de fer. Le nom « d'étuves du roi » sous
lequel elles sont encore mentionnées à la fin du XVIᵉ siècle,
paraît bien prouver qu'elles furent utilisées, au XVᵉ siècle tout
au moins, pour les besoins des Hôtels royaux.

Il semble que Louis XI, dans les premiers temps de son
règne, ait eu l'intention de résider au Palais. On y fit, en effet,
quelques travaux sur son ordre, en 1464. Le jardin, en particulier, dont on avait laissé tomber en ruines les grands berceaux de treillage, fut entièrement remis en état : un compte
de cette année mentionne qu'on y a « *relié d'ozier, redressé les
berceaux, treilles et pavillons, et ébourjonné* » [1].

En 1487, sous Charles VIII, les crues de la Seine rendirent
indispensables des réparations, à l'extrémité du jardin, près
de la maison des Etuves. On ne se contenta pas seulement
d'y réparer la berge qui fut surélevée et transformée en une
sorte de quai : « *boulevers faits de neuf, à la pointe du Palais, et à
l'hostel de ladicte pointe où sont les Estuves* » [2]. Louis XII, goutteux, habita le logis du bailli, tout voisin, et c'est dans le jardin

(1) *Paris à travers les âges*, t. II, p. 27.
(2) *Ibid.*, p. 28.

— souvent appelé jardin du bailliage, à cause de la proximité
de ce bâtiment — qu'il se promenait sur un mulet, tout en dis-
cutant des affaires en cours avec ses conseillers.

Il est probable que les Etuves du Roi furent déménagées de
ce lieu lorsque François Ier délaissa le Palais pour le Louvre et
les Tuileries. Mais l'immeuble conserva son nom de « *maison des
Etuves* » et subsista encore très longtemps. En juin 1534,
c'était la demeure d'un artisan italien très curieux, Matteo dal
Nassaro, que François Ier avait retenu près de lui et logé dans
ce bâtiment : Matteo dal Nassaro qui le fit réparer et appro-
prier, se trouvait ainsi à proximité du moulin flottant qu'il
était autorisé, à la même date, à construire sur la Seine, afin
de s'en faire un atelier « *pour servir à polir dyamans, aymerauldes,
agattes et autres espèces de pierres* » [1].

On retrouve les Etuves sous le régne de Henri II, lorsque
celui-ci, pour remédier aux fraudes qui se produisaient sur les
monnaies, fit venir à Paris des machines inventées pour la
frappe des monnaies par un orfèvre d'Augsbourg. Dès le
retour de Guillaume de Marillac, maître de la Monnaie de
Lyon et l'un de ses valets de chambre qui accompagnait les
machines, le roi fit installer celles-ci, par lettres patentes du
27 mars 1551, au bout du jardin du Palais, dans la maison des
Etuves qui prit au début le nom de *Monnaie des Etuves*, puis
celui de *Monnaie du Moulin* [2]. Elle fut aussi quelquefois appelée Monnaie de la Gourdaine, à cause du moulin de ce nom
qui actionnait les laminoirs et qui avait servi auparavant à
Matteo dal Nassaro. En juin 1557, la Cour des Monnaies
constatait que des ouvriers avaient dispersé les pierres placées
près de ce moulin, probablement celles qui, avec des palis-
sades, servaient à endiguer le courant de l'eau vers ses
roues, et elle réitéra défense de renouveler ces démolitions [3].

(1) Ces deux documents, datés du même jour, 29 juin 1534, ont été publiés par
Le Roux de Lincy dans sa *Notice sur E. de Fréville (Bibl. de l'Ec. des Chartes*, 1865, p. 481).
(2) F. Mazerolle, *Les Médailleurs français*, p. XXVI. — P. Lacombe, *La Monnaie
des Etuves*, dans *Bulletin de la Soc. d'Hist. de Paris*, XXXI (1904), p. 157.
(3) F. Mazerolle, *op. cit.*, p. XXVI.

F. Hoffbauer. — Vue générale de Paris, en 1588. La Cité et le Pont-Neuf en construction.

(*Musée Carnavalet.*)

Guillaume de Marillac fut nommé conducteur et surintendant de cette nouvelle Monnaie; il resta à ce poste jusqu'en 1554; Aubin Olivier lui succéda alors et le conserva jusqu'à sa mort, en 1581. On y frappa jusqu'en 1563 des espèces d'or et d'argent et, depuis cette date, de cuivre seulement. La Cour des Monnaies, qui était hostile aux procédés mécaniques établis en France par Henri II et n'avait cessé de susciter des difficultés aux conducteurs de la Monnaie du Moulin, fit transporter, en 1585, à la Monnaie de Paris les presses de la Monnaie du Moulin [1]. Alexandre Olivier, qui en était alors le conducteur, obtint seulement d'y fabriquer des médailles et jetons, tout en passant sous la dépendance de la Cour des Monnaies.

Cette maison des Etuves subsista jusqu'après les premiers travaux du Pont-Neuf : elle est mentionnée dans le procès-verbal de la réunion du 23 février 1578 où les commissaires, fixant en principe l'alignement du nouveau pont, le faisaient passer « *à douze toises de distance dudit logis des Estuves du Palais* » [2]. On en retrouve trace encore en 1594, lors d'une sorte de concours établi par Henri IV entre Barthélemy Prieur, Pierre Biart le père et Germain Pilon (II) le fils, pour la succession au titre de sculpteur ordinaire du roi laissée vacante par la mort de Germain Pilon le père, décédé le 3 février 1590 [3]. Il en ressort que Germain Pilon le père avait reçu de Henri III, en juillet 1588 [4], la jouissance de la maison des Etuves, pour lui et ses successeurs, moyennant quatre sols de cens; cette maison était destinée et affectée au sculpteur ordinaire du Roi, « *pour la garde tant des sculptures que marbres et*

(1) F. Mazerolle, *op. cit.*, p. LXV.

(2) R. de Lasteyrie, *op. cit.*, p. 31. — Elle figure encore sur le plan de François de Belleforest de 1575.

(3) « *A son logis, à l'isle du Palais, situé au bout du jardin du Roy* ». J.-J. Guiffrey, *Concours ouvert entre Barthélemy Prieur et Germain Pilon fils*, dans *Bulletin de la Soc. d'Hist. de Paris*, t. IX (1882), p. 165-168.

(4) F. Mazerolle, dans son ouvrage si documenté sur *les Médailleurs français*, dit que Germain Pilon y aurait habité dès qu'il fut nommé contrôleur général des effigies en 1573 Le texte publié par J.-J. Guiffrey marque, à notre avis, une plus grande précision

autres choses appartenant à Sa Majesté ». Germain Pilon (II) eut, après le décès de son père, l'ambition de lui succéder dans sa charge et dans ce logis privilégié, et il argua des lettres de provision, en date du 8 février 1590, par lesquelles le duc de Mayenne lui avait promis l'une et l'autre. Mais c'est Barthélémy Prieur qui, à la suite du concours de 1594, fut nommé sculpteur du roi et reçut la jouissance de la maison des Etuves, encore debout par conséquent à cette date.

Il est probable que ce fut vers 1607 seulement que ce vieux logis fut abattu lorsqu'on décida la création de la place Dauphine, et la rue de Harlay fut tracée sur son emplacement. Après la mort d'Alexandre Olivier, en mai 1607, un inventaire fut en effet dressé, « *en l'île du Palais, en la Monnaie du Moulin* » [1].

Le jardin[2] dont les treilles et les grands berceaux s'étendaient derrière la maison des Etuves, fut le plus atteint par les travaux d'expropriation nécessités par l'ouverture du quai des Orfèvres, d'abord, puis par la construction des maisons de la place Dauphine. Le peu qui en resta fut réservé au premier président qui logeait dans l'hôtel voisin des anciens baillis; aussi le dénommait-on « jardin du bailliage » aussi souvent que « jardin du roi ».

Avant que le vieux jardin fut ainsi morcelé et amoindri, Jean Robin, jardinier habile et fleuriste entreprenant, qui introduisit en France un certain nombre de plantes étrangères[3] et y acclimata l'acacia ou *robinier*, en avait été nommé, vers 1586, l' « arboriste et simpliciste du Roy ». Henri IV lui accordait une subvention assez restreinte de 400 livres par an, mais la Faculté de Médecine l'avait également chargé d'entretenir son maigre jardin; Guy de la Brosse fréquentait le « *simpliciste* »

(1) F. Mazerolle, *op. cit.,* p. 126, pièce n° 192.

(2) En 1574, le jardinier était Jean Lappe, dont les descendants, jardiniers comme lui, ont donné leur nom à une rue du quartier du Faubourg Saint-Antoine.

(3) Jean Robin en décrit un certain nombre dans son *Catalogus stirpium tam indigenarum quam exoticarum quae Lutetiæ coluntur a J. Robino, botanico regio et iatrici horti celeberrimae scholae Parisiensis curatore,* Parisis, 1601, in-12.

de la Cité et parle de lui dans sa *Description du Jardin Royal;* aussi lorsqu'il créa le Jardin Royal des Plantes médicinales s'attacha-t-il le fils de Jean Robin, Vespasien, et c'est ainsi que par son nom, par son jardinier, par la nature de ses plantes, l'histoire du jardin royal de la Cité se trouve intimement liée à celle des débuts du jardin du Faubourg Saint-Victor.

Jean Robin cultiva ainsi, dans le jardin du roi, un certain nombre de plantes décoratives pour satisfaire la reine et plusieurs dames de la cour qui l'en avaient sollicité afin d'y trouver, dans la variété des fleurs, des modèles nouveaux de broderie. Lorsque la place Dauphine réduisit ce jardin à une modeste étendue, Marie de Médicis voulut en garder le souvenir et tint que les brodeuses de son entourage conservassent les figures à défaut des fleurs. Pour satisfaire à ce désir, Pierre Vallet, brodeur du roi, publia en 1608, avec la collaboration de Jean Robin, un recueil de soixante-douze planches : « *Le Jardin du roy très chrestien Henry IV* » [1], dédié à la Reine, qui contenait toutes les fleurs de l'ancien jardin.

C'est ainsi que la pointe de la Cité, lorsqu'elle perdit sa physionomie ancestrale, reçut tout de même quelques fleurs qui symbolisaient bien les regrets inutiles mais touchants du passé sur les transformations inévitables qui bouleversaient ce vieux coin de Paris.

LES ILOTS

Deux îlots, venus se souder à la pointe de la Cité pour former le terre-plein du Pont-Neuf et la place Dauphine, ont ajouté leur histoire à celle de la grande île qui, si longtemps, fut appelée île du Palais. Mais les renseignements qu'on trouve sur eux sont extrêmement confus, car ces îlots ont porté, l'un comme l'autre, des dénominations très variées, si bien que

---

(1) Paris, in-folio. Le frontispice gravé servant de titre représente un grand portique derrière lequel on voit la perspective d'un jardin; au début se trouvent les portraits de Vallet et de Jean Robin, alors âgé de 58 ans.

l'étude topographique de cette région présente encore de nombreuses imprécisions que la plupart des historiens ont contribué à augmenter en confondant ces deux îlots avec d'autres.

C'est ainsi qu'on a mis en doute l'existence d'un îlot dit de Galilée, dont l'ancienne pointe semble s'être agrandie au Sud. Il aurait été parallèle à la berge Sud de la Cité entre son extrémité et le pont Saint-Michel actuel; c'est Philippe Le Bel qui l'aurait réuni à la Cité et aurait fait combler le petit bras l'en séparant, entre 1293 et 1313, pour agrandir le Palais[1]. Il faut cependant remarquer que le terme de Galilée s'appliqua au groupement constitué plus tard, sous le nom d'Empire de Galilée, par tous les clercs de la Chambre des Comptes réunis dans un enclos du Palais, dans cette même région; il semble bien qu'il ait pour origine cet îlot si controversé dont une partie du quai des Orfèvres occuperait aujourd'hui l'emplacement.

La pointe même de la Cité a été constituée par la réunion à la grande île de deux îlots d'une importance inégale. La plus grande était au Sud : c'était l'île aux Bureau; la seconde plus petite, était au Nord et s'appelait île du Patriarche, à la fin du XVIᵉ siècle. Toutes deux appartenaient à l'abbaye de Saint-Germain-des-Prés, depuis le don que Childebert lui en avait fait, en 558.

L'Ile des Bureau est surtout connue pour avoir été le théâtre du funèbre dénouement donné par Philippe le Bel au procès des Templiers. Elle s'appelait, vers 1315-1320, *Ile aux Juifs*; mais elle ne devait pas porter ce nom depuis longtemps, car les *Grandes Chroniques* la dénomment simplement l'*Ile devant les Augustins*[2]. On sait que, le soir même du lundi 11 mars 1314, devant Notre-Dame, avaient été lues la prétendue confession des quatre accusés et la sentence de condam-

----

(1) Ce bras aurait été la rivière de Jean-le-Cras d'après E. Boutaric, *Recherches sur le Palais de Justice jusqu'à 1422 (Mém. Soc. Antiq. de France*, XXVII (1864) p. 17-19). Mais d'après E. Clairin, *op. cit.*, ce nom n'aurait été que celui d'une rue de la Cité.

(2) *Chronique parisienne anonyme de 1316 à 1339*, publ. par A. Hellot dans *Mém. de la Soc. d'Hist. de Paris*, t. XI (1884), p. 22.

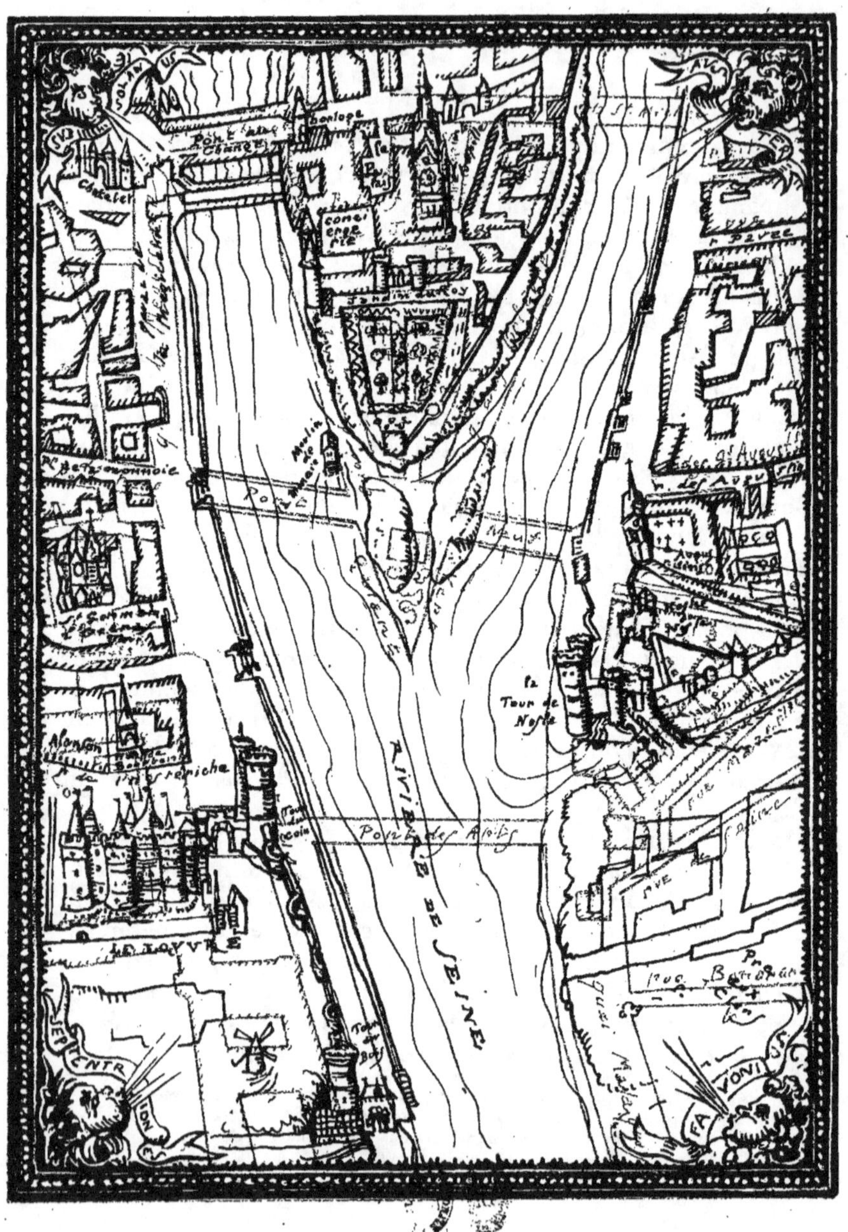

Plan de la pointe de la Cité vers 1577
(avec calque de superposition donnant l'état actuel des lieux)

nation, et quelle fut la confusion générale qui suivit les véhémentes protestations de Jacques de Molay, le grand maître de l'ordre, et de Guy, commandeur de Normandie : pendant que les cardinaux Bérenger et Étienne, désireux de leur éviter le dernier supplice, se retiraient dans Notre-Dame, Philippe le Bel, qui attendait au Palais, donna l'ordre, sans les consulter, d'enlever les deux Templiers et les fit brûler comme relaps dans cette île aux Juifs de la pointe de la Cité [1]. Caché sous une treille, le roi de France put, tout à son aise, voir le supplice sans être vu : parmi la foule qui assista à cette exécution, aussi cruelle qu'inutile, se trouvait, avec son frère, un changeur, lombard d'origine, qui était le père de Boccace [2].

Les religieux de Saint-Germain-des-Prés, propriétaires de l'île aux Juifs et des îles voisines, se plaignirent de l'exécution ainsi faite sur leur territoire et protestèrent contre cette atteinte portée à leurs droits de haute justice. Philippe le Bel, pour les calmer, déclara, par des lettres du même mois de mars [3], que le fait particulier de cette exécution ne leur porterait à l'avenir aucun préjudice quant à leurs droits; mais, dès 1315, il fit brûler, dans la même île, trois femmes accusées d'être les complices de l'évêque de Châlons, Pierre de Latilly, chancelier de France, et d'avoir préparé avec lui des breuvages empoisonnés, destinés à Philippe le Bel et à l'évêque de Châlons, prédécesseur de Pierre de Latilly.

L'île aux Juifs ou devant les Augustins ne prit la dénomination d'*île aux Bureau* que dans la seconde moitié du XVe siècle. L'un des membres de la famille des Bureau de Dampmartin, qui habitait dans les environs, Hugues Bureau, l'acheta le 6 février 1462 (a. st.) à l'abbaye de Saint-Germain-des-Prés, moyennant dix sols de rente et douze deniers de cens, et l'utilisa comme pâturage pour ses chevaux [4]. .

(1) « *In insula existente in fluvio Sequanae, juxta portam jardini nostri.* »
(2) *Chronique du continuateur de Nangis.*
(3) Du Breul, *Ant. de Paris*, p. 329.
(4) Jaillot, *Recherches sur Paris;* Cité, p. 183. — Hugues Bureau était fils de Simon Bureau de Dampmartin.

Quant à la seconde île, l'*île du Patriarche*, on l'appela au Moyen-âge île de la Gourdaine, probablement du nom d'un moulin à vent qui y aurait été installé [1]. Le 28 avril 1471, l'île fut accensée à Philippe de Morigny, curé de Saint-Sulpice : le moulin l'était à la fabrique de Saint-Eustache. Un bail du 20 novembre 1511 la décrit avec beaucoup de précision [2]. On lui a prêté, sans vraisemblance et en la confondant avec d'autres îles de la Seine, les noms d'île aux Treilles, de Buci, etc...; il est seulement certain qu'elle s'appela, à partir du XVIe siècle, semble-t-il, Ile du Patriarche; ce nom lui serait venu, sans doute, « du patriarche qui possédait l'emplacement du marché de ce nom près de la rue Mouffetard » [3]. En 1578, les commissaires du Pont-Neuf, dans leurs réunions des 23 février et 3 mars, se mirent d'accord sur la nécessité de supprimer la « *petite isle estant devant le moulin de la Gourdine* » [4]. Condamnée à disparaître, l'île du Patriarche fut probablement supprimée en même temps qu'on démolissait le moulin, après juin 1578. Il est vraisemblable que cette suppression consista surtout à en rectifier les contours et à combler les petits bras séparant les îles.

LES MOULINS SUR LA SEINE

Ce n'est pourtant dans aucune de ces deux îles, comme l'a dit Sauval, que les religieux de Saint-Germain-des-Prés permirent à Gilles Morin de dresser un moulin *à vent*, au milieu du XVIe siècle. Il s'agissait d'un moulin *à eau*, ainsi qu'il résulte

(1) M. de Rochegude et M. Dumolin, dans leur *Guide à travers le vieux Paris*, p. 38, disent que ce nom « viendrait d'une espèce de barque dont l'îlot devait rappeler la forme » : une geôle du grand Châtelet portait le même nom.

(2) Jaillot, *op. cit.*, p. 184.

(3) H. Legrand, *op. cit.*, p. 35, note 2.

(4) R. de Lasteyrie, *Doc. in.*, sur la *construction du Pont-Neuf*, dans *Mem. de la Soc. d'Hist. de Paris*, t. IX (1882) p. 24 et 31. — Les termes des procès-verbaux permettent difficilement d'accepter l'affirmation de G. Corrozet qui, en 1532, parle des îles comme étant jointes à l'île du Palais ; or, tous les plans de Paris, édités entre 1532 et 1578, c'est-à-dire celui de Truschet et Hoyau, celui dit de Du Cerceau et celui de François de Belleforest, continuent d'indiquer deux îles à la pointe de la Cité.

d'un bail du 31 octobre 1543, qui porte désignation d'une
« place à la rivière, du côté et à l'opposite de l'église et couvent
des Augustins, pour y faire un moulin et un pont pour y conduire, avec permission de faucher et gravoyer depuis le pont
Saint-Michel jusqu'à la Tour de Nesles, sans nuire à la navigation ». Ce moulin, que l'on a quelquefois et à tort désigné
sous le nom de *moulin de Buci*, se nommait *moulin à la Gourdaine.*
C'est sous ce nom que la fabrique de Saint-Eustache en passa
déclaration en 1510 [1]. Comme tous ceux qui étaient ainsi établis en Seine pour tourner au cours de l'eau, il devait être
construit sur un bateau amarré à des piquets et muni, en
amont, d'une sorte d'estacade en entonnoir qui endiguait le
courant et en augmentait la force sous les roues à palettes. Il
est assez vraisemblable qu'en 1534, c'est ce moulin qui fut
reconstruit par l'italien Matteo dal Nassaro et lui servit à
actionner les meules nécessaires pour polir ses diamants et ses
pierres précieuses.

En 1551, lorsqu'Henri II fit venir d'Augsbourg des machines
à frapper les monnaies et qu'il les installa dans la Maison des
Etuves, à la pointe de la Cité, le moulin de la Gourdaine fut
retiré des mains de la fabrique de Saint-Eustache et remis à
Guillaume de Marillac, nommé surintendant de la nouvelle
Monnaie; il en devint alors une annexe et servit à actionner les
laminoirs [2]. Il est d'ailleurs probable que, occasionnellement,
il fut utilisé pour frapper des monnaies. En effet, dans un
passage de ses curieuses chroniques, Jean Carion rapporte
qu' « en ce temps [1551] fut dressé un moulin sur la rivière de
Seine, par un singulier et industrieux artifice, auquel moulin
se forge monnaie d'or et d'argent si exactement imprimée, polie
et arrondie qu'il n'est pas possible de mieux, et en trop plus
grand nombre et est à moindre frais que de coutume, au grand
profit du Roi et avancement de besogne [3] ».

(1) Jaillot, *op. cit.*, p. 184-185.
(2) Jaillot, *op. cit.*, p. 185, et F. Mazerolle, *op. cit.*, p. XXVI.
(3) P. Lacombe, *La Monnaie des Etuves*, dans *Bulletin de la Soc. d'Hist. de Paris*,
t. XXXI (1904), p. 157.

Le Moulin de la Gourdaine subsistait encore en 1578; examinant les lieux pour la construction du Pont-Neuf, la commission le mentionne dans ses procès-verbaux des 23 février et 3 mars comme devant être démoli pour faciliter la construction du pont. Ces documents prouvent que le moulin, avec ses « vannes et pallées », formait dans le fleuve une construction assez gênante pour la navigation, car la commission insiste sur la nécessité *« que l'on desmolisse ledit moulin de la Gourdine, estant à l'endroit du logis des Estuves du Palais, que l'on arrache les pieux qui portent ledit moulin et les pieux orbillons des vannes, que l'on oste les pierres et tarissements desdites vannes jusqu'à la profondeur du fonds de ladite rivière »* [1].

Les travaux de démolition du moulin ne commencèrent qu'après juin 1578; ils durent probablement être achevés en 1581, puisqu'on entama cette année-là les fondations des piles du grand bras. Du jour où le moulin de la Gourdaine, les deux îles et la maison des Etuves eurent successivement disparu, la pointe de la Cité prit une configuration toute nouvelle, celle qu'elle présente aujourd'hui.

(1) R. de Lasteyrie, *Doc. in.*, p. 24, 31, 32 et 70. Le moulin de la Gourdaine se distingue très nettement sur tous les plans de Paris au xvi⁰ siècle, depuis celui de Sébastien Munster (1530) jusqu'à celui de François de Belleforest (1575).

CHAPITRE II

LA CONSTRUCTION DU PONT-NEUF

LA CRÉATION
ET LES PREMIERS TRAVAUX

ORSQUE la construction d'un pont destiné à relier le faubourg Saint-Germain au quai de l'École fut décidée en 1577 par Henri III, sur la requête du prévôt des marchands, Pierre Luillier, il y avait déjà un certain nombre d'années qu'elle était envisagée.

Pareille entreprise était devenue de plus en plus nécessaire par suite du développement important pris, depuis le règne de François Iᵉʳ, par les quartiers situés sur les rives de la Seine. Le Pont Notre-Dame, bien que reconstruit entre 1499 et 1510, ne répondait plus à l'importance excessive des charrois qui s'y faisaient, et sa solidité était même fort compromise par la menace de ruine de deux de ses arches. Le Pont-au-Change, qui avait été reconstruit en bois au début du XVIᵉ siècle, était lui aussi surchargé de maisons et ne valait guère mieux que le Pont Notre-Dame : depuis quelque temps, défense avait été faite aux charrois et à l'artillerie de passer sur l'un et l'autre. Dans les environs du futur Pont-Neuf, il n'y avait que le Pont Saint-Michel, reconstruit en 1549, à offrir quelques garanties de solidité.

Seul un bac existait depuis longtemps déjà sinon à l'emplacement exact du Pont-Neuf, du moins dans sa région. Après la chute du Pont Notre-Dame, Louis XII avait ordonné par lettres patentes du 23 septembre 1501 l'établissement d'un bac devant l'hôtel de Bourbon. Ce bac n'eût qu'une existence éphémère puisque Henri II ordonna de nouveau, le 9 septembre 1550, qu'on en disposât un au même endroit; il devait y tenir lieu du pont que les habitants du faubourg Saint-Germain et de l'Université sollicitaient le roi de faire élever entre le Louvre et l'hôtel de Nesles. Mais la très lourde charge financière que représentait une semblable construction fit alors reculer la Ville qui se déclara incapable de se lancer dans une entreprise susceptible, disait-on, de durer une quinzaine d'années et d'embarrasser la rivière [1].

Le bac de Henri II fut cependant réalisé plus vite que le pont. Le 5 décembre 1551 [2], le Corps de Ville s'assembla pour délibérer sur le projet présenté au roi par Gilles de Froissis en vue de l'établir en reliant par un câble la tour de Nesles et l'une des tours du Louvre mais on objecta que la Ville avait déjà reçu du roi lui-même la concession de ce bac et qu'elle se chargerait d'y pourvoir dès que possible. Les « maîtres-passeurs d'eaue devant l'hostel de Bourbon » sont nommés à nouveau dans une ordonnance de 1574 et la « communauté des passeurs d'eaue du port du Louvre » l'est également dans un document de 1571. Jusqu'à la construction du Pont-Neuf, il exista donc sur son emplacement un service de ba-

---

(1) Jaillot, *Recherches sur la Ville de Paris*, t. I (Cité) p. 178. — Berty, *Région du Louvre et des Tuileries*, p. 32.

(2) *Reg. du Bureau*, t. III, p. 270, note 2 et p. 268 à 274.

teaux qui persistait d'ailleurs encore en 1802 un peu en aval [1].

Aussi lorsque l'urgence d'établir une nouvelle traversée de la Seine apparut à nouveau, sous le règne suivant, Henri III prit-il la dépense à son compte. C'est ainsi que la construction du Pont-Neuf s'est faite aux frais de l'Etat sans que — ce qui paraît paradoxal aujourd'hui — la Ville eût à intervenir dans la discussion du projet ni dans l'exécution des travaux; le prévôt des marchands la représenta seulement dans la commision chargée de s'occuper de ce qui devait devenir l'un des plus beaux monuments parisiens.

C'est le 7 novembre 1577 que, selon l'usage du temps, le Roi désigna les membres de la commission chargée d'aviser à la construction du nouveau pont, à son emplacement, à sa structure, et à sa dépense. Elle comprenait Christophe de Thou, premier président au Parlement de Paris; Antoine Nicolaï, premier Président de la Chambre des Comptes; Augustin de Thou, avocat général, et Jean de La Guesle, procureur général du Roi au Parlement; Jean Camus, sieur de Saint-Bonnet, intendant et contrôleur général des Finances; Pierre Séguier, lieutenant civil au Châtelet; Nicolas Luillier, le prévôt des marchands, ou bien un échevin; Claude Marcel, enfin, intendant et contrôleur général des Finances [2].

Christophe de Thou, premier président au Parlement, remplissait dans cette commission les fonctions de président; c'est chez lui que les autres membres se réunissaient chaque semaine le dimanche après vêpres. Sans avoir le titre de secrétaire, Claude Marcel remplissait cette fonction dans laquelle il paraît avoir eu la plus grosse part de travail de tous les commissaires, les convoquant, leur renvoyant des proposi-

---

(1) Berty, *op. cil.*, p. 32. — Une ordonnance du prévôt des marchands, en date du 24 juillet 1589, intimait aux passeurs « qui ont accoustumé de passer du port du Louvre jusques à la Tour de Nesle » de monter leurs bateaux vis-à-vis du Pont-Neuf, « pour d'illec passer en l'isle du Pallais seullement et non ailleurs », (*Reg. du Bureau*, t. IX, p. 400-420).

(2) Pour tous les détails de la construction du Pont-Neuf jusqu'en 1579, nous renvoyons les lecteurs aux *Documents inédits sur la construction du Pont-Neuf*, publiés par R. de Lasteyrie dans *Mém. de la Soc d'Hist. de Paris*, t. IX (1882), p. 194.

tions, recevant les avis des experts et soumettant au Roi les délibérations prises.

A ces onze commissaires, d'autres personnages qualifiés vinrent souvent s'associer; ceux que les procès-verbaux mentionnent le plus souvent sont : Médéric de Donon, le contrôleur général des Bâtiments du Roi ; Barnabé Brisson, avocat du Roi au Parlement; de Villemontée, procureur du Roi au Châtelet; le président de Neuilly; Claude Perrot, procureur du Roi et de la Ville; François Meneust, clerc payeur des Bâtiments du Roi; de Bérinville, maître des requêtes; enfin les quatre échevins alors en fonctions : Abelly, Bouc, Guerrier et Mesmin.

La composition de la commission reçut des modifications inévitables puisque les travaux durèrent plus de trente ans. Dès 1582, Christophe de Thou fut remplacé par Achille de Harlay, son successeur à la première présidence du Parlement. Cependant, à la reprise des travaux, en 1599, Antoine Nicolaï, Médéric de Donon et Jean de La Guesle devaient encore faire partie de la commission, où ils étaient entrés vingt-deux ans auparavant

Durant les cinq mois qui suivirent, de novembre 1577 à mars 1578, la commission examina divers projets et étudia les modalités de la construction projetée.

Dès la première séance, Claude Marcel présenta deux projets à ses collègues : le premier envisageait l'exécution d'un pont entre le quai de l'École et le quai des Augustins en l'appuyant à l'extrémité de l'île du Palais, d'où une avenue le joignait au Parvis Notre-Dame; le second prévoyait l'établissement d'un pont en deux parties beaucoup plus à l'Est, d'abord entre les Célestins et l'Ile aux Vaches, aujourd'hui Ile Saint-Louis, ensuite entre l'Ile aux Vaches et le quai de la Tournelle [1]. Ce dernier projet était soutenu par le président Nicolaï que l'on chargea d'en faire faire un dessin de

____

(1) Le pont Marie et le pont de la Tournelle ont réalisé plus tard ce deuxième projet, en 1618 et 1656.

Projet pour la construction du Pont-Neuf (1577-1578). — *(Musée Carnavalet.)*

même que Claude Marcel devait faire pour le premier projet.

Le 24 novembre suivant, le « *pourtraict en papier* » du pont à établir entre le quai de l'École et celui des Augustins était soumis à la commission qui l'approuva et décida de le présenter au Roi. Sur la suggestion du prévôt des marchands, le président Nicolaï fut à nouveau chargé de faire exécuter semblable « *pourtraict* » [1] du premier projet, afin que les deux fussent en même temps montrés au Roi. La commission examina le même jour les ressources dont elle disposait pour l'entreprise : un état lui en fut soumis qui évaluait à 84.849 livres la levée d'une crue d'un sol pour livre ordonnée par le Roi dans les généralités de Paris, de Champagne, de Rouen, de Caen et de Picardie.

On ne trouve trace d'aucune réunion durant les deux mois qui suivirent; il semble bien que la commission attendit pour reprendre ses travaux que le roi eût fixé son choix entre les deux plans soumis à son examen. C'est seulement le 19 février 1578 que Henri III se prononça en faveur du projet dessiné par Claude Marcel; cette décision était naturelle car, outre les facilités de circulation que tout le quartier des Halles en retirait, l'intérêt même du Roi devait le faire pencher vers la solution d'un pont voisin du Palais Royal, car pareil monument apporterait le double avantage d'un parcours plus facile vers la Cité ou la rive gauche [2] et d'un embellissement qui rejaillissait sur le Louvre.

Cette date du 19 février 1578 constitua le véritable acte de naissance du Pont-Neuf, dont la période d'exécution allait s'ouvrir.

Le point essentiel, — l'emplacement du pont — étant ainsi fixé, dès le 23 février 1578, la commission se réunit pour envisager les moyens d'entreprendre les travaux dans le plus bref délai possible; sa première décision fut de convoquer, le lende-

---

(1) Ce « *pourtraict en toille* » fut exécuté et jugé « *très bon et nécessaire* ».

(2) Dans le procès-verbal de la réunion du 24 novembre 1577, il est dit que le roi « *désire recevoir part de la commodité dudit pont* ».

main même, les personnalités les plus compétentes, afin de prendre leur avis et de juger avec eux du projet sur les lieux. Sans plus tarder, du reste, en compagnie de Guillaume et Pierre Guillain, maîtres des œuvres, et de Turpin et Raince, maîtres des ponts, la commission se transporta le jour même à l'extrémité de la Cité : on fut d'avis de faire disparaître la petite île placée devant le moulin de la Gourdaine; le projet de relier le futur pont au parvis Notre-Dame fut approuvé, car il parut aisé de percer une voie à travers le jardin de la Trésorerie de la Sainte-Chapelle. Les plus notables maîtres des œuvres de maçonnerie et de charpente, ainsi que les maîtres des ponts furent appelés dans cette séance du 24 février où ils prêtèrent serment entre les mains d'Augustin de Thou, avocat général, *« de faire bon et loyal rapport de ce qui est nécessaire pour la construction et édifice du pont »*.

En plus des quatre maîtres déjà convoqués le 23, il s'y trouva : Jean Durantel, maître des maçonneries du roi, Charles Lecomte, maître des œuvres de charpenterie de la Ville, Guillaume Marchant, Pierre Chambiges, Thibault Métezeau, Christophe Mercier et François Petit, maîtres maçons, *« tous dénommés comme les plus experts de cette ville »*, Jean de Verdun, clerc des œuvres de maçonnerie et Georges Regnier, maître passeur d'eau.

Après un examen détaillé fait sur place, les experts donnèrent leurs avis, dans un rapport très complet, daté du 3 mars, dont le manuscrit de l'Institut a conservé le texte. Tous, sauf un, furent d'accord pour proposer *« d'asseoir et planter ledit pont par le bout du costé de la Mégisserie au dessus du Port au bois de l'École Saint-Germain à l'endroit de la rue de la Monnoye; et par l'autre bout, du costé des Augustins à l'endroit du corps d'hostel faisant l'encoigneure du monastère des Augustins du costé de l'hostel de Nevers. »* Seul d'entre eux, Charles Lecomte, maître charpentier, proposa *« que ledit pont soit planté par le bout du costé dudit quai de la Mégisserie vers le Louvre à l'endroit de l'Arche dorée »;* en repoussant le pont tout en aval, cette solution offrait divers inconvénients, en particulier, au Nord, de rendre difficile aux bateaux l'accès du port de l'Ecole et, au Sud, de faire aboutir l'extrémité du pont en face du portail de l'hôtel de Nevers, ce qui obligerait de surélever le niveau du quai à mi-hauteur du rez-de-chaussée de l'hôtel; le pont serait également trop rapproché de la porte de Nesles. La proposition de Charles Lecomte fut rejetée après une visite des lieux. Après examen fait sur place, les experts mesurèrent la largeur de la Seine sur l'alignement choisi; elle était de 144 toises, d'où ils calculèrent le nombre et la dimension des arches nécessaires pour franchir cet espace. Ils envisagèrent ainsi d'élever douze arches, dont huit pour le grand bras de la Seine et quatre pour le petit : dans un avant-projet qui renfermait dès lors l'exécution presque intégrale des travaux futurs et peut être considéré comme le véritable plan du Pont-Neuf, ils précisèrent la largeur des arches, l'épaisseur des piles, la qualité des pierres à employer, les procédés de fonçages à suivre. Ils concluaient enfin à la nécessité de commencer les travaux par la rive gauche en partant du quai des Augustins. C'est ce rapport qui fut soumis au « *Sieur de Clagny* », c'est-à-dire à Pierre Lescot, le célèbre architecte du Louvre. Lescot l'examina et se contenta d'y apporter quelques observations, entre autres sur le nombre et la forme à donner aux piles et sur les largeurs des arches [1].

Dans le rapport si détaillé du 3 mars 1578, on est frappé de ne rien trouver qui concerne la décoration du pont ni les auteurs du plan adopté. Sans doute, tout ce minutieux document n'est qu'un travail technique d'architecte et envisage seulement la structure proprement dite du pont. Il dut cependant en être question lorsque la commission d'abord et le roi ensuite adoptèrent le projet présenté par Claude Marcel; ce projet ne devait pas consister uniquement en un plan, avec coupe et élévation, mais fut certainement réalisé sous forme

---

[1] C'est la seule fois que l'on rencontre, dans l'histoire du Pont-Neuf, le nom de Pierre Lescot, qui mourut peu après, le 10 septembre 1578.

de vue cavalière comme l'avait été celui du président Nicolaï qui présenta un « *portraict en toille* ». Il est donc probable que le « *portraict en papier* » de Claude Marcel représentait, lui aussi, une vue cavalière du pont projeté; on en a actuellement perdu la trace, mais c'est très certainement lui que reproduisent les deux peintures à l'huile appartenant aujourd'hui l'une au Musée Carnavalet [1], l'autre à M. le Professeur Landouzy. La répartition des arches à raison de huit sur le grand bras et de quatre sur le petit bras, ainsi que la forme des becs, façonnés à trois pans en aval, permettent de l'y reconnaître sans aucun doute possible [2].

A s'en rapporter à ces deux peintures extrêmement curieuses, qui constituent l'un des plus anciens projets d'architecture décorative de l'art français, la décoration prévue en 1578 était extrêmement somptueuse, dans la partie supérieure.

Deux arcs de triomphe à trois portes, du type de l'arc de Septime Sévère, à Rome, s'élevaient aux extrémités du pont sur les quais de l'Ecole et des Augustins. Au-dessus de l'arche de milieu de chacun des bras et sur chaque façade, se dressait une haute pyramide, sur un socle monumental; dans les intervalles séparant les pyramides des extrémités des ponts, des tourelles rectangulaires étaient posées en encorbellement sur les piles. Enfin, un large pavillon à haute toiture, qu'un triple passage traversait au rez-de-chaussée, occupait toute la largeur du terre-plein.

Dans cette complication de constructions parasites et de décorations dispendieuses, Sauval a découvert — ce qui est

(1) N° P. 62 de l'Inventaire des peintures. Toile, hauteur : 0,90; largeur : 1,34. Provient du Musée de Versailles où il se trouvait quand Bonnardot en a donné une description dans l'*Iconographie du Vieux-Paris* parue dans la *Revue universelle des Arts*, t. I, p. 203. Le tableau appartenant au Professeur Landouzy, qui mesure 0,62 de hauteur sur 1.29 de largeur, provient du Dʳ A. Richet; il a été signalé et reproduit dans le *Bulletin de la Soc. d'Hist. de Paris* (1871), p. 10. La représentation du Pont-Neuf est identique sur les deux tableaux.

(2) Cette observation est de M. F. de Dartein, *Le Pont-Neuf*, p. 29. Le marché du 23 avril suivant le confirme, en précisant que les becs seraient, en amont, à deux pans.

d'ailleurs possible — une double précaution politique et militaire. « Entre tant de dessins et d'élévations, » dit-il [1], « une entre autres paraît assez bien inventée et pleine de politique; car, comme ce pont devrait être placé à une des extrémités de Paris, l'architecte qui le fit jugea que le voisinage du Louvre et du Palais le rendrait très passant, et qu'ainsi il était très bon de s'assurer d'un poste si fréquenté et si retiré tout ensemble, et qui semblait, dans une sédition, pouvoir empêcher ou retarder l'union du roi et du Parlement. De sorte que, pour s'en rendre le maître, il ne trouva pas de meilleur moyen que de dresser, aux deux bouts de ces deux ponts, deux grands arcs de triomphe, qui se pussent fermer quand on voudrait; et de plus, d'en élever un autre à la pointe de l'Ile qui occupât tout l'espace qui les sépare. »

Le 16 mars 1578, Henri III prenait acte du rapport de la commission en lui délivrant des lettres patentes qui confirmaient les pouvoirs des commissaires et énuméraient leurs attributions.

Très rapidement, dans la séance du 7 avril, la commission s'occupa du choix et de la fourniture des matériaux à utiliser et demanda un rapport sur cette question à Guillaume Guillain, Charles Lecomte, Jean Durantel, Léonard Fontaine, Guillaume et Charles Marchant et Jean de Verdun. Le 16 avril suivant, plusieurs de ceux-ci furent entendus par la commission qui reçut les offres de divers carriers du faubourg Saint-Jacques et de Vaugirard [2]; elle passa marché avec un chaufournier de Melun qui s'engagea à livrer la chaux à pied d'œuvre, à raison de 17 livres 16 sols le muid. Elle avait déjà sollicité du roi le don de cinq arpents de haute futaie pris dans la forêt de Compiègne, pour établir des bâtardeaux, plateformes et cintres du pont. Enfin, on fixa au 23 avril la mise en adjudication des travaux de maçonnerie.

(1) Sauval, *Antiq. de Paris*, t. I, p. 233.
(2) Au prix de 8 sols le pied de pierre de cliquart.

Ce jour-là, à deux heures après-midi, en l'hôtel du Premier Président, une vingtaine de maîtres-maçons comparurent devant les commissaires. Parmi eux, il y avait plusieurs des plus célèbres architectes de l'époque, car, au XVIe siècle, la distinction actuelle entre architecte et entrepreneur n'existait pas encore : devant la commission, se présentèrent alors certains des experts déjà consultés par elle, parmi lesquels se trouvaient de vrais architectes comme Jean Durantel, les deux Guillain, Guillaume Marchant, Thibaud Métezeau, etc.

L'adjudication, qui avait été annoncée par voies d'affiches et de proclamations, était faite au rabais, au profit du moins offrant, et portait uniquement sur les travaux de maçonnerie et de tailles de piles et culées du petit-bras, jusqu'à hauteur de l'imposte des arches. L'exécution des bâtardeaux, celle des fouilles, la vidange des terres et des eaux, la fourniture des grues, câbles, poulies et échafauds restaient à la charge du roi. Les offres pour la toise cube de maçonnerie varièrent entre 180 et 200 livres ; ce fut Jean Durantel qui offrit le plus bas prix, celui de 180 livres. Les commissaires tinrent à prendre l'avis des personnalités compétentes présentes à l'adjudication et, en particulier de Baptiste Du Cerceau, architecte du Roi, dont le nom apparaît pour la première fois, de Guillaume Guillain et de Jean de Verdun, clerc des jurés maçons. L'avis unanime fut de déclarer adjudicataire Jean Durantel qui avait offert le moindre prix à condition toutefois que si, dans les trois jours, une offre inférieure à la sienne était proposée, on procéderait à une nouvelle adjudication.

Celle-ci eut lieu le samedi suivant, 26 avril, et la plupart des concurrents du mercredi précédent s'y retrouvèrent : quelques noms nouveaux s'y remarquent pourtant, parmi lesquels ceux de Pierre Chambiges et de Jean Marquelet. Cette fois, le plus fort rabais fut proposé par Jean Legoix qui offrit le prix de 177 livres 5 sols ; mais on ne l'estima pas capable d'entreprendre un travail aussi important et Jean de Verdun fut chargé d'aller conférer avec Jean Durantel,

Silvestre. — La statue de Henri IV et l'île du Palais.

A. Perelle. — La place Dauphine (vers 1670).

Jean Amelot, Pierre Chambiges, François Petit, Pierre des Illes et Thibaud Métezeau, jugés les plus autorisés pour mener un pareil ouvrage; aussi une troisième adjudication fut-elle ordonnée pour le mardi 29 avril.

Ce jour-là, devant le silence des entrepreneurs les plus capables, la commission, obligée d'en finir, donna l'adjudication à Julien Le Blond, qui offrait le prix de 174 livres 10 sols; mais Le Blond, simple maçon en plâtre, n'avait jamais entrepris d'ouvrage analogue au pont projeté et Claude Marcel fut chargé par les autres commissaires de faire savoir au roi qu'ils estimaient le nouvel adjudicataire incapable de terminer l'œuvre et priaient le roi de décider si Le Blond resterait chargé des travaux.

Henri III, écoutant ces suggestions, par acte du 3 mai 1578, annula l'adjudication faite à Le Blond et à ses associés auxquels une somme de 200 écus fut attribuée en dédommagement de cette rupture d'engagement, par lettres du 26 mai suivant. Le roi décidait en même temps que les travaux seraient confiés, au prix de 180 livres la toise cube, à trois maçons choisis par la commission; il décidait que l'ouvrage serait fait pour un quart par Jean et François Petit et Christophe Mercier, ainsi que par Guillaume Marchant, Pierre des Illes et Thibault Métezeau, pour les trois autres quarts. Malgré les trois adjudications successives, ce fut par conséquent le roi qui, en définitive, choisit les entrepreneurs. Cela n'empêcha pas que, le 17 juin suivant, sur la suggestion des maçons qui travaillaient à la construction des Tuileries, Henri III écrivait à la commission que ceux-ci faisaient offre de prendre les travaux du Pont-Neuf avec un rabais de 5 livres 19 sols; il proposait de les substituer en conséquence aux entrepreneurs déjà adjudicataires, à moins que ces derniers ne consentissent le même rabais et n'acceptassent pour associés les maçons des Tuileries. Fort heureusement, la commission ne voulut pas créer un précédent aussi fâcheux et, sur ses respectueuses mais fermes remontrances, Henri III retira cette mise en demeure et maintint les entrepreneurs précédemment désignés. Ce furent à peu près les mêmes que l'on chargea, par des soumissions ultérieures, des autres travaux de maçonnerie restant à faire dans le petit bras ainsi que de ceux du grand bras; dès 1584, il ne restait plus que Guillaume Marchant et François Petit auxquels la commission, elle-même renouvelée, continua de confier l'achèvement du pont. On commença les travaux sans plus tarder du côté du quai des Augustins. Mais, dans l'intervalle, eut lieu la consécration officielle du futur pont.

Le samedi 31 mai 1578, Henri III vint poser la première pierre du monument, en grand apparat, en présence des deux reines, Catherine de Médicis et Louise de Vaudémont; il s'y rendit le soir, en barque, après avoir vu de ses fenêtres passer le convoi de deux de ses mignons, Quélus et Maugiron, tués en duel, qu'on allait inhumer en l'église Saint-Paul. Cette mort l'avait vivement affligé et dans la foule qui se pressait à la cérémonie et savait que le roi avait passé la journée dans les larmes, on se disait que le nouveau pont devait mériter le nom de « Pont des Pleurs ».

Le prévôt des marchands, Nicolas Luillier, baisa la main du roi, puis, sous la première pierre du premier pilier du côté du quai des Augustins, on plaça des pièces d'argent et de cuivre doré pesant trois ou quatre testons, aux effigies du roi et des reines. Le maître des œuvres de la Ville, Guillaume Guillain, présenta ensuite au roi un tablier de cuir blanc et une truelle d'argent avec du mortier. Henri III se signa, dit, « *au nom du Père, du Fils et du benoict Saint-Esprit* », et, prenant une truellée de mortier, dans un plat d'argent, la jeta sous la pierre. Sur celle-ci, fut gravée l'inscription suivante :

HENRICI TERTII FRANCIAE ET POLONIAE REGIS PORENTISSIMI AUSPICIIS, CATHARINA MATRE, LUDOVICA CONJUGE AUGUSTISSIMIS, OB COMMODUM UTILITATIS PUBLICAE FAVENTIBUS, FUNDAMENTA PONTIS JACTA SUNT ET DIVERSAE URBIS NOBILISSIMÆ

PARTES, MAGNO VIATORUM COMPENDIO, MAGNO RERUM OMNIUM
QUAE IMPOTANTUR ET EXPORTANTUR COMMODO PER DIVORTIA
AQUARUM CONJUNCTAE PRIDIE CALENDAS JUNIAS 1578.

Le Pont-Neuf était né.

LE TRACÉ. - LES PLANS. - LES ARCHITECTES

Les travaux réels furent précédés les 2 et 4 juin par des
réunions où les experts examinèrent la nature du sol sur
lequel devaient reposer les fondations. Le 5, les entrepreneurs
désignés signaient le marché de construction des piles du
petit bras et le 6, à l'aide de lignes et de câbles, on procéda
à un tracé du pont qui avait fait l'objet d'une première réunion
le 28 mai précédent; les assiettes des piles étaient en même
temps délimitées par des pieux réunis par des cordes. Un
second marché conclu le 12 juin par les commissaires avec
Jean Marquelet pour la vidange des terres et des eaux contient des précisions minutieuses sur la confection des
bâtardeaux. La surveillance des travaux fut exercée avec soin
par les commissaires qui avaient décidé d'en faire une visite
hebdomadaire à partir du 9 juin : les fouilles des fondations
furent, jusqu'en octobre, suivies avec une particulière attention par eux et par des experts parmi lesquels on trouve
Jean Bullant, Du Cerceau et plusieurs maîtres des œuvres;
à plusieurs reprises, d'après les procès-verbaux, on constate
que ces derniers firent abaisser le fond des fouilles comme
n'étant pas assez résistant [1]. Grâce, sans doute, à la très
forte baisse des eaux qui se maintint jusqu'à la Saint-
Martin, au dire de l'Estoile, les fondations de quatre piles du
petit bras purent être toutes entreprises et très probablement
achevées du début de juin à la fin de l'automne de 1578.

Jusqu'alors, le projet arrêté au début de 1578 avait été
exactement suivi. Or, au printemps de 1579, une importante
modification y fut apportée : on décida en effet de construire

(1) R. de Lasteyrie, *op. cit.*, p. 70-75.

une arche de plus dans le petit bras, tout en maintenant le nombre primitif de douze arches qu'on distribua à raison de sept et non pas de huit dans le grand bras et de cinq et non pas de quatre dans le petit. Cette transformation du plan primitif en entraîna d'autres : on majora les ouvertures de certaines arches, on augmenta l'épaisseur des piles du grand bras et la longueur de celle du petit bras, enfin, on réduisit la longueur du terre-plein de 28 toises et demie à 19 et demie.

Cette affaire d'une cinquième arche dans le petit bras, assez peu importante au premier abord, a dominé cependant la construction tout entière du Pont-Neuf, au printemps de 1579 et jusqu'au début de 1581. C'est elle qui retarda le tracé définitif du monument jusqu'à la fin de juillet 1580. C'est elle qui obligea la commission à demander à deux architectes d'établir des projets qui aboutissaient l'un et l'autre à modifier très sensiblement son plan primitif, Des Illes supprimant une des douze arches prévues, Du Cerceau les répartissant autrement. C'est elle, enfin, qui apporta un changement capital dans la direction des travaux du Pont-Neuf. Aucun des documents publiés jusqu'ici sur la construction du monument n'avait permis d'entrevoir l'existence même de cette affaire et l'on était réduit à constater le très important changement de plan réalisé au début de 1579, sans pouvoir en expliquer les causes. Un document d'un intérêt exceptionnel en contient cependant tous les détails, mais les difficultés de déchiffrement qu'il présente ont sans doute rebuté les chercheurs, car cette période des travaux, d'une importance si considérable pour l'histoire du Pont-Neuf, est restée inconnue jusqu'à ce jour. Ce document, c'est le *Plumitif* même de la commission, c'est-à-dire le registre original renfermant les minutes des procès-verbaux de ses délibérations du 2 octobre 1578 à juillet 1603 [1].

(1) Le *Plumitif* est conservé aux Archives Nationales, dans la liasse cotée Z¹F 1065 : il ne semble avoir été consulté que par M. de Dartein, mais, comme on le verra, d'une manière extrêmement superficielle. Il constitue la suite chronologique du manuscrit de la Bibliothèque de l'Institut qui a fait l'objet de la publication de R. de Lasteyrie.

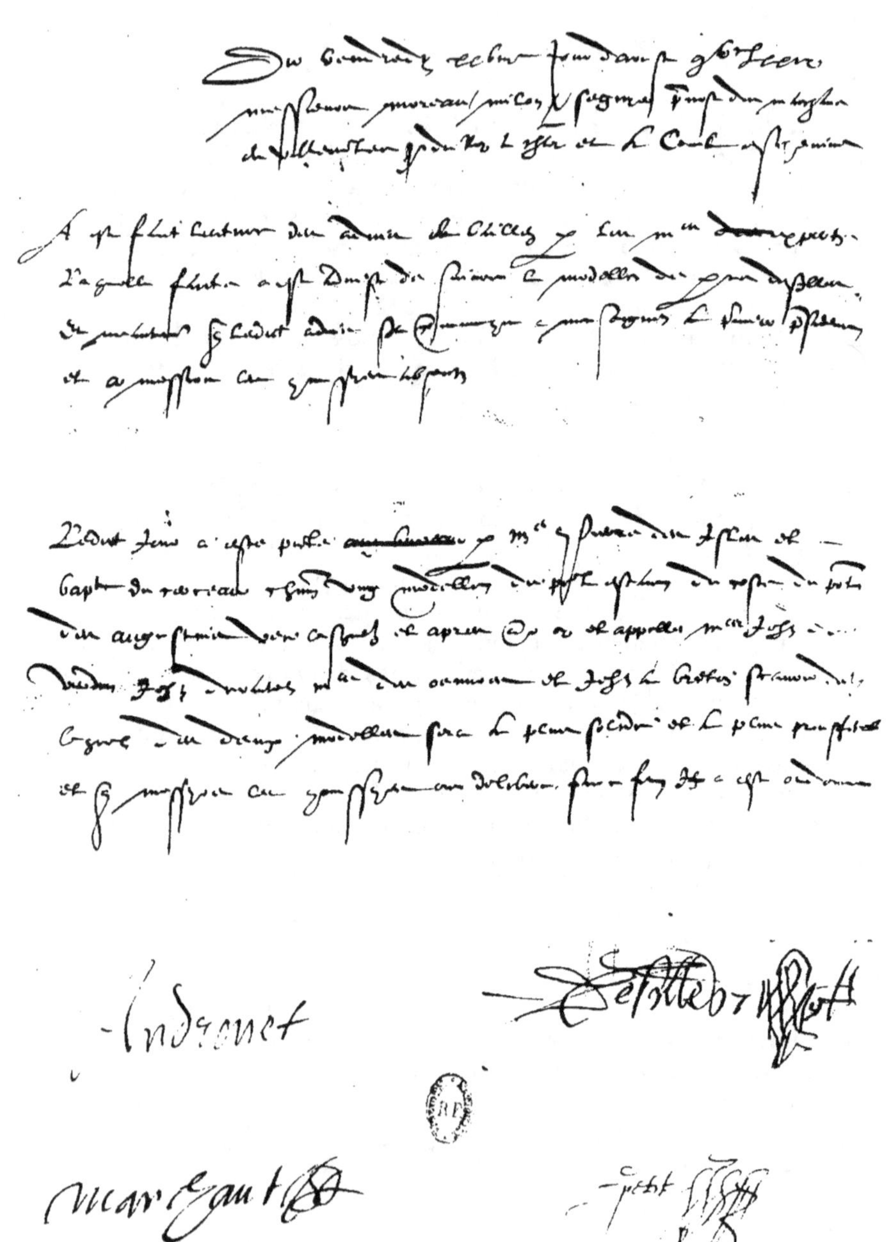

Plumitif de la Commission du Pont-Neuf (1578-1602). (Arch. Nat. Z¹F 1065).
Signatures de B. Du Cerceau, P. des Isles, G. Marchant et F. Petit.

Or, la découverte capitale que permet de faire le *Plumitif*, c'est que la commission demanda, au printemps de 1579, des modèles du pont en construction à Du Cerceau et à Des Illes. Jusqu'ici, on connaissait seulement la mention d'un paiement de cinquante écus fait à Du Cerceau pour son modèle [1], le 11 août 1579, et l'on avait pu en déduire, qu'il était l'architecte du Pont-Neuf; mais voici qu'un passage inédit de ce registre révèle que, le même jour, pareille somme fut également payée à Des Illes. On constate qu'en effet, il y eut un véritable concours, avec examen des projets par une sous-commission d'experts; et la discussion concernant ces modèles fournit des renseignements d'un intérêt de premier ordre pour l'histoire de la construction du Pont-Neuf. Car non seulement ces modèles éclairent la conduite très particulière des travaux jusqu'en juillet 1579, mais surtout, ils apportent des explications toutes nouvelles sur des questions auparavant assez embrouillées : celle du tracé du monument, celle de son plan architectural et celle-même, si controversée, de l'architecte du Pont-Neuf.

La question du tracé du Pont-Neuf se trouve, la première, entièrement renouvelée grâce au *Plumitif*.

On avait cru pouvoir affirmer, d'après les textes publiés, que les experts déterminèrent définitivement, le 28 mai 1578, l'alignement du pont tout entier. On n'a pas assez remarqué qu'il surgit alors une difficulté qui retarda toute décision : ce jour-là, en effet, au moment où l'on examinait sur place le tracé, Pierre Des Illes, l'un des entrepreneurs, observa qu'il était impossible de faire le pont « *d'un droit allignement* » et qu'il en fallait deux, avec un coude à l'endroit de la pointe de la Cité. L'objection dut paraître sérieusement fondée puisque les experts demandèrent à Des Illes de faire « *un plan et dessein par mesure dudit allignement..., portant le dit*

(1) Sauval, *Antiq de Paris*, t. I, p. 232. — M. de Dartein a bien retrouvé trace de ce paiement dans le *Plumitif* (fol. 15 r°), mais il a ignoré toutes les autres mentions de ce registre relatives à cette question; il est probable que l'écriture extrêmement difficile à lire du *Plumitif* ne lui a pas permis de les remarquer.

coulde [1] », afin de permettre à la commission d'examiner la question et de prendre une décision.

Les procès-verbaux du *Plumitif* permettent de constater que rien ne fut décidé durant l'été de 1578. Que Des Illes ait exécuté ou non le plan demandé — ce que les documents laissent ignorer, — les experts se réunirent à plusieurs reprises sur place pour fixer cet alignement, au début de juin, mais sans aucun résultat décisif, bien que Claude Marcel signalât à la commission qu'il était « *besoing, pour accélérer l'œuvre dudit pont, donner allignement qui soit à demeurer* [2]. » Le temps pressait en effet pour permettre aux entrepreneurs de réaliser les conditions du marché, car, à cette date, on travaillait aux fondations de la première pile au nord du quai des Augustins. Malgré les apparences, ce tracé n'était pas encore considéré comme définif après une nouvelle séance, le 6 juin; on ne prenait encore une fois qu'une décision de principe, car des documents de date postérieure au 6 juin permettent de constater que « *l'allignement au vray* » restait toujours, en fait, sujet à discussion. En effet, le 28 juillet [3], on se bornait à statuer sur l'assiette de la deuxième pile seule du petit bras; et, en ce qui concerne le pont du grand bras, Marcel proposa même, ce jour-là, d'en fixer le débouché très légèrement en aval du point déjà choisi, ce qui fut décidé : c'était modifier une fois de plus le tracé. Ainsi donc, le tracé définitif du Pont-Neuf en entier n'avait pas été arrêté le 28 mai 1578, comme l'a cru M. de Geymüller; bien plus, il ne l'était pas encore au milieu de l'année suivante, puisque, à la date du 27 juillet 1579, la commission donnait rendez-vous aux maîtres des ponts de la Ville de Paris, pour « *donner leur advis sur l'allignement des arches d'entre l'isle du Palais et le quay de la Mégisserie* [4]. »

(1) R. de Lasteyrie, *op. cit.*, p. 66.
(2) *Ibid.*, p. 47.
(3) *Ibid.*, p. 61.
(4) Z¹F 1065, fol. 13 v°.

Seul le tracé des piles du petit bras se trouvait fixé à cette époque, plus d'un an après le commencement des travaux. Finalement, on tint compte de l'objection de Des Illes, car, dans l'état actuel du Pont-Neuf, il y a un léger infléchissement de l'axe entre les deux parties du pont.

D'où pouvait survenir cet obstacle à établir le tracé du grand bras? Ce ne pouvait être seulement de l'objection faite en mai 1578 par Des Illes, qui préconisait un tracé brisé; n'était-ce pas plutôt d'une difficulté technique, qui ne pouvait provenir que des constructions du petit bras? En effet, c'était dans le petit bras qu'une difficulté réelle se présentait alors; et lorsqu'on remarque que le tracé général du Pont-Neuf est réalisé seulement dans les derniers jours de juillet 1579, c'est-à-dire un mois après la présentation par Des Illes et Du Cerceau des modèles relatifs à ce petit bras, on est logiquement amené à conclure de ce rapprochement que l'obstacle existant pour fixer définitivement un tracé général coïncide exactement avec celui qui nécessitait la mise en concurrence des deux architectes : c'était la question de la cinquième arche du petit bras.

C'est en effet cette même affaire de la cinquième arche que l'on retrouve dans la question de l'ordonnance architecturale du pont du petit bras et qui explique le retard apporté à choisir un « plan » du Pont-Neuf jusque vers le milieu de 1579.

Contrairement à ce qui se passerait de nos jours, le Pont-Neuf n'a pas été, à l'origine, l'objet d'un *plan*, dans le sens actuel de ce mot, lorsqu'un architecte choisi à l'avance arrête les détails d'un projet complet avant le commencement des moindres travaux. Dans le cas du Pont-Neuf, c'est la commission seule qui, en mars 1578, en posant toutes les données générales du monument, élabora en réalité un plan et l'appliqua sans modifications jusqu'à ce printemps de 1579, sous le contrôle de l'architecte du roi et avec le conseil d'experts. Comme il est difficile d'admettre qu'elle aurait attendu jusque vers mai 1579 pour le faire établir, si elle en demandait alors un, complet ou partiel, c'était pour compléter ou modifier celui qu'elle suivait jusque-là, celui de mars 1578.

Une première étape de travaux étant réalisée par les fondations des quatre premières piles [1], quelles furent donc les raisons de la commission pour demander à Des Illes et à Du Cerceau de lui présenter des projets? Ayant achevé une tranche de son programme, jugeait-elle simplement opportun d'obtenir d'eux des précisions que son propre plan ne comportait pas, en raison de son caractère très général? Ou plutôt, ne se trouvait-elle pas en face d'un obstacle de nature particulière? Ces deux causes semblent avoir coexisté en l'occasion. D'une part, après l'interruption forcée de l'hiver, la marche normale des travaux amenait à édifier, en ce printemps de 1579, les arches du petit bras ; les projets demandés s'appliquent en effet surtout à leur construction. Mais, d'autre part, une difficulté dut alors surgir qui tenait à la nature du sous-sol. La visite des travaux de fondation de la quatrième pile avait montré, dès le 10 septembre 1578, la nécessité de les poursuivre profondément pour rencontrer un terrain suffisamment ferme [2]. Peut-être, au printemps de 1579, se trouva-t-on, à cet endroit, en présence d'un fond trop peu solide pour permettre d'y asseoir la quatrième pile prévue pour la culée nord du petit bras? On dut être ainsi naturellement amené à rechercher dans un autre point un terrain plus consistant. Un double problème se posait donc : il fallait bien construire les arches, mais si l'on fondait une nouvelle pile, pour faire la culée nord, cela entraînait à édifier une cinquième arche. Tout le plan du petit bras entier se trouvait ainsi remis en question.

Aussi, l'on constate que la commission voulut s'entourer de toutes les compétences utiles pour guider son choix; le 26 juin, elle ne se prononça pas, demanda l'avis des experts sur les

(1) On commença les travaux des piles du petit bras avant ceux de la culée du quai des Augustins qui ne furent entrepris qu'en juillet 1579. (Z^{1}F 1065, fol. 6 v° : 12 juillet 1579.)

(2) On avait visité les 12, 18, 19 et 20 juin, les travaux de la première pile, les 2, 4 et 5 août, ceux de la deuxième pile, le 13 août, ceux de la troisième, le 10 septembre, ceux de la quatrième, qui devait être la future culée nord du petit bras, d'après le plan primitif.

modèles de Des Illes et de Du Cerceau, et la décision fut renvoyée au 30 juin. Ce jour-là, Du Cerceau ne vint pas, et Des Illes seul présenta aux experts son modèle du pont en entier « *contenant en tout unze arches* » [1]. Le 3 juillet suivant, il est question à nouveau de la cinquième arche à faire dans le petit bras « *suivant le plan dudict DuCerceau* » [2]. Enfin, le 12 juillet 1579, la commission entend, dans un débat contradictoire, les avis des sept experts présents. Des Illes soutient, avec Jean de Verdun, que « *ne se doibt faire que quatre arches, d'autant que si on fait cinq arches, on gastera l'isle* » [3] : par contre, Du Cerceau maintient « *qu'on doibt faire cinq arches, qu'autant que si on ne fait que quatre arches, la cimétrie n'y sera observée, oultre que la décoration du pont y sera plus belle, et que ce sera un bien public parce que l'eaue aura grande place de passer* » [4]. Guillaume Guillain, les deux maîtres des ponts Raince et Turpin et Jean Durantel, par leur assentiment à l'opinion de Du Cerceau, entraînèrent l'avis de la commission qui résolut « *qu'il sera fait une cinquiesme arche et que les dessus nommez bailleront leur advis par escript* » [5]. C'était clair et net : le « plan » de Du Cerceau, selon l'expression notée par le *Plumitif* huit jours auparavant, était donc adopté et c'est bien lui qui a été réalisé dans le petit bras, avec ses cinq arches telles qu'elles se voient encore.

Or, le 28 août suivant, le procès-verbal de la séance tenue par la commission contient pour l'historien une surprise inattendue en notant qu'il « *a été fait lecture des advis baillez par les maîtres experts; laquelle faite, a été advisé de suivre le modelle de Pierre des Illes et maintenir que ledict advis sera communiqué à monseigneur le premier président et à messieurs les commissaires absents* » [6].

(1) Arch. Nat., Z¹F 1065, fol. 6 v°.

(2) *Ibid.*, fol. 6 r°. Cela prouve que Du Cerceau, qui n'avait probablement pas pu terminer son projet pour le 30 juin, le déposa entre cette date et le 3 juillet.

(3) C'est peut-être une allusion à l'obligation de rectifier trop fortement l'alignement sud de la pointe de la Cité.

(4) Du Cerceau devait penser, en disant cela, aux inondations de la Seine.

(5) Z¹F 1065, fol. 6 v° à 8 r°.

(6) *Ibid.*, fol. 15 v°.

Qu'était-ce donc que ce modèle? Deux hypothèses se présentent, car les termes du *Plumitif* manquent de netteté. La première, c'est qu'il s'agirait toujours là du projet du petit bras et de la question des quatre ou des cinq arches : mais comment cette décision peut-elle s'accorder avec celle prise le 12 juillet et avec la réalisation des travaux du petit bras? Faut-il supposer qu'il y eut sur ce point désaccord entre deux fractions de la commission? C'est improbable. Il ne paraît pas non plus qu'il faille établir un rapprochement entre ce qui aurait été, dans cette hypothèse, un revirement de la part de quelques commissaires et un autre témoignage noté par le *Plumitif*, à la date du 22 mars 1580. Ce jour-là, en effet, on présenta au bureau « *un plant du Pont-Neuf dans lequel est une cinquiesme arche* » : or, les commissaires du bureau s'en étonnèrent, la déclarèrent inutile et décidèrent qu'il serait « *fait remonstrance de la part du bureau à tous messieurs les commissaires députez pour la construction dudict pont, à ce que ladicte cinquiesme arche ne soit faicte, attendu la despence qu'elle comporteroit* » [1]. A vrai dire, il semble bien que la perspective de cette dépense ait conduit le bureau à cette manifestation tardive avec l'intention d'en rejeter la responsabilité sur le reste de la commission. On n'en relève aucune autre trace dans le *Plumitif;* au contraire, d'autres passages de ce document prouvent que la première décision n'avait pas été annulée. D'ailleurs, du marché des deux culées nord et sud de la Cité, passé avec J. Le Roy le 17 juillet 1579, soit cinq jours après la décision prise de construire une cinquième arche, il ressort bien que Le Roy devait élever la nouvelle culée sud, non plus sur les fondations de la quatrième pile primitive, mais sur un emplacement nouveau choisi plus au nord. Ce ne serait donc pas le plan du petit bras de Des Illes que la commission aurait décidé de suivre, le 28 août 1579.

La seconde hypothèse, c'est qu'il s'agirait de la partie de ce même projet de Des Illes intéressant le grand bras, puisqu'il

(1) Arch. Nat., Z¹F 1065, fol. 22 r°.

A. PERELLE. — Le grand bras du Pont-Neuf (vers 1670).

avait présenté le 3o juin un projet complet en onze arches, dont quatre au sud de la Cité et sept, par conséquent, au nord. La commission aurait ainsi retenu le projet de Du Cerceau pour le petit bras et celui de Des Illes pour le grand bras. Effectivement le Pont-Neuf, tel qu'il a été réalisé, comprend bien sept arches entre la Cité et la rive droite. Si rien, dans le texte du *Plumitif*, ne prouve absolument que le modèle de Des Illes accepté dans cette séance du 28 août soit celui du grand bras, il y a un argument important en faveur de cette seconde hypothèse dans le fait qu'on relève dans la construction réalisée de ce dernier des éléments qui diffèrent très nettement de ceux du petit bras, malgré la similitude des lignes générales [1]. C'est ainsi que les becs triangulaires des piles sont, dans le petit bras, entièrement recouverts par les tours rondes du pont [2], tandis que dans le grand bras, ils dépassent très sensiblement ces tours auxquelles ils se raccordent par des plans inclinés triangulaires; de même les culs-de-lampe de ces tours rondes sont peu développés et très simples dans le grand bras, beaucoup plus importants et plus élégants dans le petit bras. Or, il est assez invraisemblable que, même en tenant compte de la décision d'élargir [3] le pont, Du Cerceau ait présenté pour les deux bras deux modèles différents. Il faut d'ailleurs que cette double décoration du pont ait été conçue et adoptée dès 1579, au moment du concours, pour que Guillaume Marchant et

---

(1) On a déjà relevé, plus haut, à propos de l'histoire du tracé, qu'en définitive, l'axe du grand bras est légèrement infléchi, par rapport à celui du petit bras; ce qui prouve qu'on tint compte du « *coulde* » proposé par Des Illes.

(2) Cette différence d'avancée des becs dans les deux bras tient certainement à une différence dans les plans, et non pas à ce que, dans le petit bras, on se serait borné à élargir les voûtes et la partie supérieure du pont, sans élargir les piles; on sait en effet, par le *Plumitif*, que les piles du petit bras, déjà construites, furent allongées en décembre 1580 (fol. 24 r°). L'avancée plus grande des becs dans le grand bras s'explique par la plus grande résistance que les piles devaient y offrir au courant beaucoup plus fort.

(3) On dut prendre cette décision vers le milieu de l'année 1579. On ne rencontre aucune autre mention relative au plan du grand bras avant la réunion où furent débattues les conditions du marché de cette partie du pont, le 5 avril 1581 : il est à remarquer que Du Cerceau n'y assista pas, ce qu'il n'eût pas manqué de faire s'il avait été l'auteur du projet.

François Petit, demeurés seuls entrepreneurs après 1584, aient fidèlement suivi et réalisé les deux projets jusqu'en 1606. Enfin, on ne trouve mention d'un modèle quelconque du grand bras à aucune date ultérieure à 1579, et cela non pas seulement avant le décès de Des Illes ou de Du Cerceau, mais même pas avant avril 1581, où l'on passa le marché du grand bras dont la conclusion impliquait forcément le choix préalable d'un plan.

Il est donc tout à fait vraisemblable, sinon certain, que le grand bras représente le projet de Des Illes; la commission aurait ainsi établi une sorte de compromis entre les concurrents en les associant tous les deux dans le plan du monument, chacun pour l'une de ses parties.

Cette question des plans ne rend pas plus facile à traiter celle de l'architecte du Pont-Neuf qui a suscité déjà de nombreuses controverses, mais où tout le monde s'accorde sur ce point que le Pont-Neuf a eu soit un, soit plusieurs architectes. Les anciens auteurs n'apportant pas de renseignements précis, les historiens modernes ont proposé déjà des solutions qui ont toutes paru également vraisemblables : pour M. de Lasteyrie, « il est douteux que Du Cerceau soit le véritable ou du moins le seul auteur du plan adopté pour le Pont-Neuf » et « la plus grande part dans l'ouvrage revient à Guillaume Marchant d'abord » [1]. Pour M. de Geymüller, « il ressort avec une évidence absolue que, dès le tracé de l'alignement... (28 mai 1578), Baptiste du Cerceau était l'architecte dirigeant et surveillant la construction du Pont » [2]. Pour M. de Dartein enfin, la vérité se trouve dans la prudente formule de Germain Brice : « Le Pont-Neuf fut entrepris, sous le règne de Henri III, sous la conduite d'Androuet du Cerceau. Le roi Henri IV y fit mettre la dernière main sous la conduite de Guillaume Marchand » [3].

(1) R. de Lasteyrie, *Doc. inéd.*, p. 9.
(2) H. de Geymüller, *Les Du Cerceau.* p. 263.
(3) F. de Dartein, *Le Pont-Neuf*, p. 26.

Cependant, il est non moins certain que, au début des travaux de construction, il n'y eut pas d'architecte du Pont-Neuf. Le plus ardent partisan de Du Cerceau, M. de Geymüller, croit toutefois que ce dernier, figurant dans certaines pièces dès le 23 avril 1578, a réellement rempli dès cette époque les fonctions d'architecte du pont. Il est vrai que le nom de Baptiste Du Cerceau se rencontre avant juin 1579, mais c'est aux mêmes titres que d'autres architectes appelés comme experts; et si son nom seul est alors suivi du qualificatif d' « architecte », sans plus, c'est uniquement à cause de sa fonction d'architecte du roi, d'abord comme adjoint, puis comme successeur de Pierre Lescot, puis de J. Bullant. On ne peut pas non plus reporter sur Pierre Lescot l'hypothèse faite en faveur de Du Cerceau et supposer que ce fut le célèbre architecte du Louvre qui, de décembre 1577 à février 1578, aurait élaboré un projet du monument, puisque c'est seulement le 19 février 1578 qu'Henri III se prononça en faveur de l'emplacement actuel du Pont-Neuf. D'ailleurs, Pierre Lescot, très âgé et à quelques mois de sa mort quand il fut consulté par la commission en mars 1578, donnait son avis sur l'avant-projet fait par elle et réclamait qu'elle établit un « plan » du futur Pont-Neuf [1]; il n'en était donc certainement pas alors l'auteur et n'eut guère le temps de le devenir avant sa mort. Le fait nouveau révélé par le *Plumitif*, la demande de projets adressée par la commission à deux architectes au printemps de 1579, prouve irréfutablement qu'à cette date encore, il n'y avait pas d'*architecte du pont*; cette dernière expression est d'ailleurs relevée pour la première fois dans le marché de novembre 1579. Le Pont-Neuf fut donc indubitablement, dès le commencement, une œuvre collective, celle de la commission nommée par Henri III [2].

(1) R. de Lasteyrie, *op. cit.*, p. 34.

(2) H. de Geymüller (*op. cit.*, p. 28) soutient l'opinion opposée, sans fournir de preuves à l'appui. R. de Lasteyrie a, le premier (*op. cit.*, p. 19), émis cette opinion, que le *Plumitif* confirme complètement.

Pourquoi n'y eut-il pas d'architecte, du début de 1578 au milieu de 1579? Avant tout, parce qu'il était dans les habitudes de l'époque qu'une commission ait tous pouvoirs de diriger les travaux et de choisir les entrepreneurs [1]. Puis, il est fort possible que la commission ait engagé les premiers travaux, sans autre plan que le sien et sans autre architecte qu'elle-même, pour accéder au désir de faire vite exprimé par Henri III, dont le caractère nerveux et impulsif dut exiger, là comme ailleurs, des réalisations rapides. Le roi avait approuvé le projet de la commission le 19 février ; peu après, le 3 mars, on consultait Pierre Lescot ; le 3 mai, on signait le marché de construction des piles du petit bras. C'était aller en besogne aussi vite que possible, d'autant que le tracé du pont n'était pas encore fixé : mais il n'y avait pas non plus d'inconvénient à entamer ces travaux ; la commission, étant d'accord sur le nombre des piles et culées à élever sur le petit bras — cinq en tout dont deux culées — pouvait faire commencer sans plus tarder des fondations qui, destinées à demeurer sous l'eau, constituaient la partie invisible du monument et dont l'établissement n'influait pas forcément sur le plan des arches ni sur la décoration du pont. Peut-être la mort de Pierre Lescot, survenue le 10 septembre 1578, fut-elle également cause que la commission ne choisit pas alors d'architecte du pont : avec le grand constructeur du Louvre, disparaissait une des lumières de l'époque. Jean Bullant, lui aussi, mourait le 10 octobre suivant ; Baptiste Du Cerceau leur succédait comme architecte du roi, et, de ce fait, puisque le Pont-Neuf était une entreprise exécutée aux frais du trésor royal, il eut certainement sur sa construction un droit de surveillance, sinon un droit de contrôle qui demeurait la prérogative du contrôleur des bâtiments du roi. Mais Du Cerceau n'était rien de plus, même à la fin de juin 1579, d'après le *Plumitif*, puisque, le 26 juin, la commission décidait de convoquer les experts

---

[1] Leroux de Lincy en a donné la preuve à propos du Pont Notre-Dame (*Bibl. de l'Ec. des Chartes*, 2ᵉ série, t. II, p. 38-40).

« *pour donner advis lequel des deux modelles présentés par lesdicts Des Illes et Du Cerceau sera le plus utile et prouffitable* » [1]. Si Du Cerceau avait été, à cette date, l'architecte désigné des travaux, pareille façon de faire eût été pour lui inadmissible en principe et inacceptable en fait.

Choisit-on par la suite un architecte du futur pont et lequel désigna-t-on ?

Il semblerait que les procès-verbaux du *Plumitif* doivent permettre de répondre facilement à cette double question par l'historique même des « *modelles.* » Il n'en est malheureusement rien, car il est évident que certaines modifications apportées ou subies par la commission, touchant ses décisions, n'y ont pas été mentionnées. Le fait le plus important qui en ressorte, c'est que la commission réclame un projet vers mai 1579, précisément à l'architecte que, jusqu'ici, l'on s'accordait à considérer comme étant déjà le directeur de la construction ; et bien que cet architecte soit celui du Roi, elle n'hésite pas à demander un autre projet à un concurrent, qui se trouve être déjà l'un des entrepreneurs du Pont-Neuf.

En ce qui concerne la personnalité des deux concurrents, on sait que Baptiste Androuet Du Cerceau, probablement le fils aîné du grand Jacques Androuet [2], devait être âgé à cette époque de trente-deux à trente-cinq ans d'après son plus récent biographe, M. de Geymüller, qui le fait naître entre 1544 et 1547. Bien qu'appartenant à la religion réformée, il avait la faveur de Henri III, et, depuis 1575, il faisait partie de la garde personnelle du roi, dite des *Quarante-Cinq ;* il mourut avant septembre 1590. Son concurrent, Pierre Des Illes, est beaucoup moins connu : les lettres patentes du 26 mai 1578 confirmant sa nomination en qualité de l'un des entrepreneurs du Pont-Neuf, le signalent comme ayant « *fait de grands bastiments*

---

(1) Arch. Nat., Z¹F 1065, fol. 5 r°.

(2) M. de Geymüller s'est demandé si Jacques Du Cerceau « n'aurait pas été pour quelque chose dans l'invention du Pont-Neuf », en s'autorisant d'un dessin de lui qui semble se rattacher aux projets d'un pont qui serait devenu le Pont-Neuf (Bibl. Nat., Cab. des Estampes. Ed. 2 p. rés. n° 17). — V. H. de Geymüller, *op. cit.*, p. 256.

et constructions tant sur la rivière d'Oise que ailleurs » [1]. Il devait être âgé alors de quarante-cinq à cinquante ans, car, à sa mort, survenue entre octobre 1583 et mars 1584, il laissait un fils, Guillaume, âgé de vingt-quatre ans ; Guillaume succéda à son père dans l'association des trois entrepreneurs, où Guillaume Marchant et François Petit l'acceptèrent, « *pourvu qu'il s'y comporte modestement et sans entreprendre rien à sa fantaisie* » [2]. Il faut croire que les talents de Pierre Des Illes paraissaient à la commission de valeur égale à ceux de Du Cerceau pour qu'elle lui demandât un projet : à l'architecte du roi se trouvait ainsi opposé le constructeur du pont. Comme Du Cerceau, Des Illes est dénommé « maçon » dans les procès-verbaux des premières réunions d'adjudication, en 1578 ; comme Du Cerceau, il y apparaît pour la première fois le 23 avril et le *Plumitif,* ainsi qu'on l'a vu, nous révèle ce renseignement précieux, resté inédit, qu'il reçut, comme Du Cerceau et à la même date que lui, la même rémunération pour son modèle [3]. C'est certainement à lui que Sauval a fait allusion, dans un passage qui demeurait jusqu'ici assez obscur et que le *Plumitif* confirme entièrement : « Les architectes de ce temps-là à l'envi firent de nouveaux dessins et d'autres devis touchant ce pont » ; et si Sauval ajoute : « celui de Marchant néanmoins plut davantage et fut trouvé le plus savant et le plus superbe » [4], le *Plumitif,* tout en prouvant qu'il confond Des Illes avec Marchant, corrobore entièrement ce texte. Cette confusion est d'ailleurs explicable, étant donné que Marchant demeura plus de vingt-huit ans l'entrepreneur principal du pont, tandis que Des Illes disparaissait au bout de six ans à peine.

Le véritable titre de Guillaume Marchant est donc uniquement d'avoir été l'entrepreneur principal du Pont-Neuf, car il est certain aujourd'hui, d'après le *Plumitif,* qu'il n'en donna

(1) R. de Lasteyrie, *op. cit.,* p. 45.
(2) Arch. Nat., Z¹F 1065, fol. 81 r° (3 mars 1584).
(3) *Ibid.,* fol. 15 r° : son ordre de paiement, qui a échappé à M. de Dartein, se trouve mentionné quelques lignes au-dessous de celui de Du Cerceau.
(4) Sauval, *Antiq. de Paris,* t. I, p. 233.

ALEXANDRE NOEL. — Le Pont-Neuf. — (*Musée Carnavalet.*)

jamais aucun plan, ni partiel, ni complet : il ne s'occupa que de la partie matérielle de la construction. C'était un architecte de valeur que le Roi employa aux châteaux de Charleval et de Saint-Germain-en-Laye, et, des entrepreneurs du pont, ce fut assurément le plus actif et le plus habitué, on le sent, à conduire de gros travaux ; d'ailleurs, son père, Guillaume, avait été maître des œuvres de maçonnerie ; il était d'autre part le propre frère de ce Charles Marchant, qui fut l'entre-preneur de charpenterie du Pont-Neuf et qui devint capitaine des trois compagnies d'arquebusiers, archers et arbalétriers de la ville de Paris, en 1595. Le troisième associé, François Petit, qui travailla au château d'Ollinville et à la chapelle des Valois à Saint-Denis, apparaît comme plus effacé ; c'est lui qui, dans trente ans, construira une partie de la place Dau-phine. Thibault Métezeau, enfin, le dernier des associés, avait été occupé, lui aussi, à la chapelle des Valois et c'est l'un des deux architectes que l'on doit regarder comme ayant le plus probablement dressé les premiers projets de la grande galerie du Louvre [1].

La collaboration de Marchant, de Petit et de Métezeau avec Des Illes fut certainement des plus précieuses à ce der-nier. Mais, en plusieurs circonstances, on le voit prendre des initiatives que des capacités et une réputation supérieures à celles de ses associés peuvent seules expliquer : par exemple, dès cette réunion d'experts du 28 mai 1578 où Du Cerceau était présent, on a vu que Des Illes critique le tracé proposé pour le pont, et que non seulement on l'écoute, mais on lui demande un plan et l'on tient compte de ses observations. Le seul fait d'avoir été choisi par la commission pour être mis en concurrence avec l'architecte du roi suffit d'ailleurs pour apporter un témoignage des plus importants en faveur de Des Illes, qu'on a plutôt ignoré que méconnu jusqu'ici. Sa

---

[1] Né à Dreux le 21 octobre 1533, il mourut avant septembre 1596. Dans l'orthographe des noms de Marchant et Métezeau, nous avons suivi celle qu'établissent leurs propres signatures dans le *Plumitif*.

participation certaine comme auteur d'un plan du Pont-Neuf devra servir à le replacer dorénavant au premier rang des grands architectes français de la seconde moitié du XVIᵉ siècle [1].

Ainsi donc, après avoir délimité le rôle de simple entrepreneur de Guillaume Marchant, on ne trouve plus en face de soi que les deux auteurs des plans adoptés. Ce serait par conséquent à eux que s'appliquerait le terme d' « architecte du pont » qu'on trouve seulement dans le marché de novembre 1579, c'est-à-dire après l'acceptation des modèles. Le Pont-Neuf aurait donc eu un « architecte du pont » pour chacun de ses deux bras : ce terme même n'aurait-il pas été d'ailleurs employé sous cette forme impersonnelle pour pouvoir s'appliquer indifféremment aux deux auteurs des projets retenus ? Plutôt qu'une fonction spéciale, ce fut probablement un titre seul qu'on appliqua moins à l'auteur du plan qu'au directeur effectif des travaux ; on pouvait donc désigner, par là, autant Du Cerceau, architecte du roi, que Pierre Des Illes qui, entrepreneur en titre, était encore plus intimement associé à tous les détails de la construction. Il était superflu d'ailleurs de le nommer, car on constate par les comptes-rendus du *Plumitif*, que l'architecte du pont eut un rôle assez restreint et ne semble guère avoir dirigé les travaux en dehors de la commission ; après comme avant juillet 1579, la commission continua en effet à s'occuper des moindres détails de la conduite des travaux, décidant elle-même de l'élaboration des devis, du taux des adjudications, de la désignation des entrepreneurs, du choix des modèles de charpenterie, de l'arrêt ou de la reprise des constructions, etc. Bien plus, et contrairement à l'opinion de M. de Geymüller que l'architecte du pont ne pouvait figurer parmi les experts, on voit à plusieurs reprises la commission faire appel à Du Cerceau pour le choix de certains matériaux ou la vérification de certains ouvrages, dans le petit

(1) R. de Lasteyrie (*op. cit.*, p. 19) semble avoir eu partiellement le pressentiment du rôle joué par Des Illes lorsqu'il écrit, dans sa conclusion : « en résumé, il nous semble douteux que Du Cerceau soit le véritable, ou du moins le seul auteur du plan adopté pour le Pont-Neuf... »

bras [1]. Enfin, ce ne furent ni « l'architecte du pont » ni les entrepreneurs qui établirent les devis partiels mais presque toujours, durant les premières années, le maître ou le clerc des œuvres du roi, c'est-à-dire Jean Durantel ou Jean de Verdun.

A aucune page du *Plumitif* il n'apparaît que Du Cerceau ait tenu, après juillet 1579, un rôle plus important qu'avant cette date. Il est fait mention de lui, dans ce registre, le 5 avril 1581, à la fin de la séance où la commission délibéra des conditions du marché pour les travaux du grand bras ; le trésorier des œuvres du Roi reçut l'ordre de « *payer à m^e Baptiste Du Cerceau, architecte, la somme de deux cens escus pour ses paynes et labeurs d'avoir assisté audit pont jusques à ce jour* » [2]. Mais ce paiement ne signifie rien de plus que d'autres analogues qui furent faits à la même époque à divers architectes appelés comme experts à la construction du Pont-Neuf [3] ; les termes mêmes de ce passage prouvent bien qu'il s'agit là d'une rétribution accordée à Du Cerceau en tant qu'architecte du roi pour sa participation aux travaux de la commission : il était tout naturel que, pour cette fonction officielle exercée depuis trois ans, il reçut une indemnité séparée qui n'est d'ailleurs pas exceptionnellement élevée [4]. La dernière mention que le *Plumitif* fait de Du Cerceau est du 30 septembre 1588 et relative à un paiement de 25 écus fait à Jean Le Breton, Antoine Le Féron et Du Cerceau « *pour leurs peines, sallaires et vacations d'avoir tenu le registre de ce qui a esté faict et ordonné et paier deppuis Pasques V^c IIII^{xx} VI jusques à ce jourd'huy, pendant lequel temps ils ont faict et escript plusieurs ordonnances et autres opérations concernant le faict dudict pont* » [5]. Chose curieuse, Du Cerceau n'y est plus

(1) Arch. Nat., Z^{1}F 1065, fol. 23 r° (30 juin 1580), fol. 24 r° (5 décembre 1580), fol. 56 r° (26 juillet 1582).

(2) Z^{1}F 1065, fol. 37 r°.

(3) *Ibid.*, fol. 28 r° (12 juillet 1581) : paiement de 20 écus à Durantel, Guillain, Amelot, Fournier, Chambiges, pour diverses vacations.

(4) On se rappelle que c'étaient 200 écus qu'on avait donnés en dédommagement à Le Blond, le 3 mai 1578.

(5) Z^{1}F 1065, fol. 102 v°.

dénommé « architecte » : on sait cependant par ailleurs qu'en 1586 il était « architecte ordinaire (du roi) et commis de Sa Majesté pour ordonner de tous les ouvrages des bastiments et édifices de Sa Majesté et despenses qui y convient faire » [1].

En résumé, il apparaît clairement que Guillaume Marchant ne fut l'auteur d'aucun plan du Pont-Neuf, et ne joua dans sa construction d'autre rôle que celui d'entrepreneur des travaux; mais il semble non moins indiscutable d'affirmer que, si le projet primitif et général du pont fut l'œuvre collective de la commission seule, conseillée et surveillée par l'architecte du roi, c'est à Baptiste Du Cerceau et à Pierre Des Illes que revient l'honneur d'être les auteurs des plans définitifs du célèbre monument.

L'ACHÈVEMENT DES TRAVAUX

Dès le 13 juillet 1579, le lendemain par conséquent du jour où la commission avait décidé d'accepter le projet de Du Cerceau pour le petit bras, Jean de Verdun, clerc des œuvres du roi, présentait le devis du marché relatif aux deux culées de la pointe de la Cité, qui fut passé avec J. Le Roy le 17 juillet suivant [2]. Deux mois plus tard, le 22 septembre, Jean Durantel, le maître des œuvres du roi, soumettait à son tour à la commission le devis des ouvrages supérieurs de maçonnerie du petit bras ; le 25 novembre suivant, le marché en était conclu avec les entrepreneurs associés Des Illes, Marchant et Petit [3].

Entre autres renseignements intéressants fournis par le marché, on y trouve trace des modifications apportées au plan primitif en ce qui concerne l'élargissement du pont. Il prouve bien que, contrairement au premier projet, on pensa alors à édifier des maisons sur le pont. Il est absolument certain en

(1) E. Brault, *Les architectes par leurs œuvres*, t. II, p. 64.
(2) R. de Lasteyrie, *op. cit.*, p. 83-87.
(3) *Ibid.*, p. 75-81.

J.-B. LALLEMAND. — La Samaritaine et le Pont-Neuf (vue inversée).

(*Musée Carnavalet.*)

effet que le plan de 1578 n'en comportait pas ; les tableaux qui le représentent n'en montrent pas et la décoration même qu'on aperçoit y aurait opposé un obstacle insurmontable ; de plus, la largeur de 7 toises d'abord assignée aux voûtes eût rendu impossible l'établissement d'immeubles sur le pont.

Le marché du 25 novembre 1579 démontre au contraire qu'on décida alors de couvrir le Pont-Neuf de deux rangées de maisons, comme l'étaient les autres ponts de Paris ; il mentionne entre autres qu'on avancerait les voûtes sur les pointes des piles afin d'élargir le pont et précise les matériaux à employer pour construire les encorbellements en saillie destinés à « *faire l'advencement des maisons dudit pont* ». Ces encorbellements, c'est-à-dire les évasements des voûtes, n'existent que dans le petit bras, où les piles, qui n'étaient pas encore achevées, furent allongées en conséquence.

Les travaux de la nouvelle culée Sud de la Cité ne furent pas menés rapidement car il n'y est fait aucune allusion dans la cession de ce même marché passée le 4 décembre 1579 entre Le Roy, et les trois entrepreneurs. Il est donc probable que, l'hiver arrêtant tout, c'est en vue de la reprise des travaux que les entrepreneurs furent amenés à présenter au bureau le plan qui faisait état de la cinquième arche, le 22 mars 1580. Une expertise fut faite au sujet des matériaux de cette culée, le 30 juin suivant, par Baptiste Du Cerceau, Florent Fournier, Guillaume Guillain et Christophe Mercier. Les travaux de fondation de cette culée ne furent donc pas entamés avant l'été de 1580.

Quant aux travaux de fondation des piles du grand bras ils commencèrent peu après avril 1581 [1]. Le tirant d'eau y étant plus fort et le courant plus rapide, de dangereux affouillements pouvaient s'y produire autour des piles : aussi avait-il été décidé, dès août 1580, que l'entrepreneur de la charpente établirait des modèles destinés à guider le travail des charpen-

---

(1) Arch. Nat., Z¹F 1065, fol. 36 r° (5 avril 1581) ; procès-verbal des délibérations de la commission sur les conditions du « *marché pour le grand cours* ».

tiers. En août 1582, la quatrième d'entr'elles, au nord de la pointe de la Cité, était encore entourée de son bâtardeau ; trois ans plus tard, en août 1585, on commençait à entreprendre enfin la dernière culée du côté du quai de la Mégisserie. Mais les travaux se ralentissaient déjà et c'est seulement en août 1587 que l'on achevait la dernière pile du grand bras.

Sur le petit bras, la construction des arches subit d'assez gros retards, car on sait que l'exécution des cintres de bois n'était pas encore terminée en mai 1584 ; à cette date, les entrepreneurs réclamaient au maître charpentier Charles Marchant des cintres qu'il devait leur fournir du côté des Augustins. Un dessin de Nicolas Houel, dans la *Procession* de Henri III, montre en arrière-plan le Pont-Neuf ; les voûtes du Petit-Bras sont en partie sur cintres ou terminées, tandis que deux ou trois piles du grand bras sortent de l'eau, ce qui permet de fixer la date de ce dessin à 1582 ou 1583. On possède un plan italien de cette époque, plein d'anachronismes et signé, selon les tirages, « *Matteo Fiorini formis* » ou « *Donato Rosciotti formis* », sur lequel figurent trois arches du Pont-Neuf [1].

On a prétendu que la lenteur des travaux ne satisfaisait pas Henri III, pressé de voir achever ce pont pour les facilités de passage qu'il devait offrir à ses processions de pénitents entre le Louvre et le couvent des Grands-Augustins ; sa hâte aurait été telle qu'une année, en plein mois de janvier, malgré les glaçons charriés par le fleuve « il fit jeter un pont de bois qui allait de l'une à l'autre rive, en s'étayant tant bien que mal sur les pierres boiteuses des piles inachevées. C'est sur cette périlleuse passerelle que toute la cour, le roi en tête se rendit aux Grands-Augustins pour assister à la magnifique fête donnée en l'honneur du nouvel ordre du Saint-Esprit » [2].

Cette traversée du fleuve à une date indéterminée est assez

---

[1] E. Mareuse, *Sur quelques anciens plans de Paris* dans le *Bull. de la Soc. d'Hist. de Paris* (1877), p. 168. Un exemplaire du premier tirage de ce plan se trouve à la Bibliothèque de la Ville de Paris.

[2] E. Fournier, *ov. cit.*, p. 95.

invraisemblable, racontée sous cette forme ; il est tout à fait improbable qu'on ait élevé tout exprès un pont de bois pour satisfaire la fantaisie de Henri III et servir à une cérémonie à une époque où les travaux du grand bras n'étaient pas seulement commencés. En réalité, ainsi que le note le *Plumitif*[1], on construisit, dès le début des travaux semble-t-il, un pont rudimentaire de service réservé aux ouvriers pour le transport de leurs matériaux ; la commission donnait l'ordre de l'achever en mai 1579 [2]. Mais le procès-verbal de la réunion du 18 décembre suivant relate que « *le Roy a ordonné de faire la feste du Saint-Esprit au premier de l'an prochain et au couvent des Augustins et qu'il seroit nécessaire de faire refaire le pont de boys pour faciliter la feste...* » C'est donc cette passerelle sommaire, remise en état, qu'utilisa Henri III ; elle ne devait exister alors qu'entre la pointe de la Cité et le quai des Augustins, puisque le *Plumitif* mentionne, à la date du 16 mars 1582, l'ordre donné à Charles Marchant de faire « *en toute diligence le pont de boys nécessaire depuis l'isle du Palais jusqu'à la troisième pille dudict pont* » [3]. Est-ce de celui-là ou d'un autre qu'il est fait allusion dans des lettres patentes adressées par Henri III le 1ᵉʳ mars 1583, vraisemblablement au corps de Ville ? Il y donnait ordre de construire sur les piles déjà fondées ou sur pilotis un passage pour « *hommes et chevaulx* », du quai de l'Ecole à la Cité et de celle-ci aux Augustins, en précisant que ce travail devait être achevé à la fin de l'année courante [4] ; il est peu probable qu'on l'ait exécuté. En 1602, on ne trouve trace, sur le grand bras, que d'une passerelle de service [5].

Les guerres de religion et les désordres politiques de la fin du règne de Henri III ralentirent considérablement les travaux du Pont-Neuf à partir de 1584 environ et en amenèrent l'arrêt

(1) Arch. Nat., Z¹F 1065, fol. 4 r° (27 mai 1579).
(2) *Ibid.*, fol. 20 v°.
(3) *Ibid.*, fol. 48 r° : la largeur de ce pont de bois était fixée à 12 pieds.
(4) A. Bruel, *Etat des travaux du Pont-Neuf en 1583* dans *Bull. de la Soc. d'Hist. de Paris*, t. II (1875), p. 25-26. D'après le ms. franç. 3.306 de la Bibl. Nat., n° 203.
(5) R. de Lasteyrie, *op. cit.*, p. 93-94.

complet en 1588. C'est à cette dernière date que Montaigne, dans un passage bien connu du livre III des *Essais*, déplore l'abandon dans lequel ces travaux se trouvaient déjà. « La fortune, dit-il, m'a fait grand déplaisir d'interrompre la belle structure du Pont-Neuf de notre grande ville et m'ôter l'espoir, avant de mourir, d'en voir le train de service. »

Le manque d'argent en était aussi l'une des causes, car les derniers travaux étaient demeurés impayés. Une ordonnance du Conseil institué par le duc de Mayenne, en date du 3 avril 1590, fit toiser les ouvrages faits par les entrepreneurs de maçonnerie et de charpente qui réclamaient le remboursement de sommes empruntées pour achever les fondations des piles. Vers cette même date, Guillaume Marchant demandait le paiement des ouvrages des dernières pile et culée exécutées par lui selon les termes du marché du 1er juillet 1584 [1] : le mandat de paiement à lui délivré en octobre 1588 ne fut d'ailleurs payé qu'en 1602. Le 22 décembre 1592, le même entrepreneur adressait au Conseil d'Etat de la Ligue une supplique où il rendait compte du non paiement de plusieurs mandats, régulièrement expédiés par les commissaires, dont le montant s'élevait à plus de 22.000 écus. Il faisait observer que des moulins à eau avaient été installés, entre les piles du pont en construction, par des particuliers qui en tiraient bénéfice mais ne payaient aucune redevance ; il demandait que ces places fussent l'objet d'une adjudication dont il percevrait le profit ; mais le Bureau décida que ces redevances revenaient à la Ville, comme propriétaire de la superficie de la rivière et il repoussa la requête de Marchant [2].

Ce dernier n'était pas le seul à connaître les difficultés de règlement du Trésor royal ; le 13 décembre 1607, le Conseil d'Etat rendait un arrêt renvoyant aux Trésoriers de France une requête par laquelle Jacques Angenoust, secrétaire du Roi, demandait à être payé d'une somme de 18.201 livres 14 sols

(1) Arch. Nat., Z¹F 1065, fol. 109.
(2) R. de Lasteyrie, *op. cit.*, p. 89.

GABRIEL DE SAINT-AUBIN. — Une descente du Pont-Neuf.

(Musée Carnavalet.)

due à sa femme, seule héritière de Jean Durantel, l'ancien maître des œuvres de maçonnerie et bâtiments du roi, pour plusieurs travaux faits dans des bâtiments du roi et entre autres au Pont-Neuf [1]. Des retards semblables se remarquent vis-à-vis des particuliers. Vers la même époque, le Trésor royal achevait d'ailleurs de régler l'achat de terrains situés « *au bout du Pont-Neuf* », dont l'expropriation devait dater de 1578. Un arrêt du Conseil d'Etat du 25 septembre 1607 ordonnait le paiement d'une somme de 400 livres à Thibault Duplessis, valet de chambre ordinaire du roi, propriétaire en partie d'une maison construite sur ces terrains ; il décidait que 800 livres seraient affectées aux frais de construction du Pont-Neuf [2].

On n'envisageait alors l'abandon des travaux que comme momentané ; certaines mesures de conservation furent même prises à l'égard des bâtardeaux des piles. Le Bureau de la Ville recevait une plainte de Guillaume Marchant, qui signalait, le 5 juillet 1588, les heurts faits à ces bâtardeaux par les bateaux en remontant le courant, et les risques de détérioration qu'ils courraient : il décida que tous les bateaux, durant leur traversée de Paris, seraient dorénavant pilotés par les maîtres des ponts [3]. De même, en 1594, le Bureau intervint d'abord pour faire disparaître les moulins installés entre le Pont-Neuf et le Pont-aux-Meuniers, ainsi que sous les arches du Pont-Neuf, comme gênant la circulation ; une seconde fois, pour faire enlever un moulin coulé sous la troisième arche du petit bras [4].

Les troubles qui agitèrent la France et Paris en particulier, de 1592 à 1598, amenèrent l'arrêt complet des travaux du Pont-Neuf. Une fois faite la pacification du royaume et avant même d'avoir signé à Vervins, le 2 mars 1598, la paix avec

(1) Noël Valois, *Arrêts du Conseil d'Etat*, t. II, n° 11.755.
(2) *Ibid.*, n° 11.535.
(3) Arch. Nat., H. 1789, fol. 176, v°. — V. R. de Lasteyrie, *op. cit.*, p. 14.
(4) *Reg. du Bureau*, t. XII, p. 386, nota 3. — Félibien, *Hist. de Paris*, t. IV, *Preuves* t. II, p. 17.

l'Espagne, Henri IV publia, le 7 février [1], les lettres patentes qui ordonnaient la reprise des travaux ; il restait à construire toutes les arches, sur le grand bras ; sur le petit bras, quelques travaux d'achèvement étaient nécessaires au-dessus des voûtes qui étaient bâties : Du Breul raconte qu'on pouvait passer de la Cité sur le quai des Augustins à l'aide de passerelles de fortune.

On commença la reprise des travaux par les arches du petit bras. Le 12 février 1599, Guillaume Marchant et François Petit recevaient l'ordre de se mettre à l'ouvrage ; ils demeuraient désormais les seuls entrepreneurs des maçonneries du pont qu'ils avaient commencé avec d'autres, vingt-et-un ans plus tôt. Le 17 mai suivant, il est stipulé qu'ils recevront 250 écus par semaine, à condition d'employer jusqu'à cinquante tailleurs de pierre par jour au parachèvement des arches du petit bras, du côté des Augustins. A la fin de l'année, le 24 décembre, Marchant et Petit obtenaient un paiement de 100 écus par semaine destinés à l'approvisionnement et à la taille sur place, pendant l'hiver suivant, des pierres destinées au pont [2]. Tous ces paiements s'effectuèrent régulièrement, sur les sommes fournies par la recette générale de Paris. Les travaux du petit bras furent complétés par la construction d'un mur de quai à la pointe de la Cité, à partir de la dernière arche du petit bras ; l'ouvrage de maçonnerie en fut également confié à Guillaume Marchant et François Petit, au prix de 60 livres la toise cube.

Dans le grand bras, la situation moins avancée des travaux au moment de leur abandon nécessita des projets différents lors de leur reprise. Là comme dans le petit bras, les fondations des piles avaient été établies à six pieds au-dessous du lit du fleuve, sur de forts plateaux en charpente et ensuite sur des gradins ; on n'avait pas suivi, en effet, sur ce point, le conseil donné par Pierre Lescot de remplacer ces gradins par

---

(1) Arch. Nat., H. 1791, fol. 62 r° et H. 1883. — V. Félibien, *ibid.*, p. 15.
(2) Arch. Nat., Z¹F 1065, fol. 112 et 114. — V. de Dartein, *op. cit.*, p. 40.

des surfaces planes ou courbes. Or, le courant étant beaucoup plus fort dans le grand bras, les fondations des piles qu'on y avait commencées en 1581, subirent l'effet d'affouillements dangereux en contre-bas.

A l'examen des piles du grand bras qui précéda la reprise des travaux, le 28 juin 1600, la commission constata que les pointes d'amont des deuxième et troisième piles étaient affaissées. Elle décida de charger de ce travail de réfection le maître charpentier Charles Marchant qui accepta de l'exécuter en s'associant au maître charpentier Bernard, moyennant le prix de 5.800 écus. Dans la séance du 5 novembre 1601, les commissaires traitèrent avec Bernard pour la confection de contre-bâtardeaux de protection autour des six piles menacées, au prix de 850 écus par pile [1].

Concurremment à ces travaux de protection et de consolidation, on entreprenait la construction des voûtes du grand bras, dont Henri IV avait ordonné l'achèvement dans les trois ans à venir par lettres patentes du 12 mars 1601. Le Corps de Ville tint une première assemblée générale le 20 mars suivant pour délibérer à leur sujet et une seconde le 17 avril, à propos des lettres du 14 avril établissant la nouvelle imposition sur les vins : en acceptant qu'elle fut fixée à 15 sols par muid, il émit le vœu que le roi fît don à la Ville « du fondz et propriété dudict pont pour y bastir et édiffier maisons et édiffices, ainsi que sur le pont Notre-Dame » [2]. Henri IV, désireux de ne pas supprimer la vue que l'on aurait du pont vers le Louvre, s'opposa à la construction de ces maisons dont les caves, déjà aménagées dans l'épaisseur des voûtes, furent bouchées [3]. Ce n'est donc qu'alors et non pas en 1598, comme on l'a cru à tort d'après Du Breul, que Henri IV ordonna la suppression des maisons projetées sur le pont ; ainsi qu'on l'a vu

(1) V. de Dartein, *op. cit.*, p. 46-47.
(2) *Reg. du Bureau*, t. XII, p. 388-392 et p. 410-415.
(3) Du Breul, *Théâtre des antiquités de Paris*. Ce sont ces caves que l'on retrouve au xixe siècle, au cours des derniers travaux de réfection : le *Moniteur* du 11 juillet 1851 signale en effet que, dans chaque pile, on vient de découvrir de « grandes chambres voûtées ».

précédemment, ce projet avait déjà amené la commission à augmenter sensiblement la largeur primitive de l'édifice. Paris posséda enfin un pont sans constructions et, de là, une vue sur la Seine qui passait pour l'une des trois plus belles du monde, avec celles de Constantinople et du port de Goa [1].

Dans une réunion tenue le 28 avril 1601, chez le premier président de Harlay, la commission s'entendit sur la reprise des travaux avec Guillaume Marchant et François Petit ; ces derniers demandaient une somme annuelle de 90.000 livres durant ces trois années, mais ils semblent avoir accepté 140.000 livres et 40.000 écus [2].

Les chantiers furent rapidement ouverts car le 11 juillet 1601, pour faciliter les travaux du grand bras, le Bureau défendit de tirer les bateaux du côté du quai de la Mégisserie et de faire passer la corde de halage par dessus les chantiers du pont : il décida que les bateaux seraient tirés seulement du côté de l'Ile du Palais [3]. Au mois de mai 1602, à propos de la circulation des bateaux sur le grand bras, on constate que les travaux avaient été conduits rapidement : il ne restait plus alors que trois arches à voûter [4] et c'était chose faite un an plus tard.

Le 20 juin 1603, en effet, Henri IV franchissait la Seine sur les voûtes du Pont-Neuf. « Le vendredi 20 de ce mois, écrit L'Estoile, le roi passa du quai des Augustins au Louvre par dessus le Pont-Neuf, qui n'était encore trop assuré et où il y avait peu de personnes qui s'y hazardaient. Quelques-uns, pour en faire l'essai, s'étaient rompu le cou et tombé dans la rivière ; ce que l'on remontra à Sa Majesté, laquelle fit réponse, à ce qu'on dit, qu'il n'y avait pas un de tous ceux-là qui fut roi comme lui » [5].

Il est possible que le Pont-Neuf ait été ouvert assez tôt

(1) G. Brice, *Description de Paris*, t. IV, p. 176.
(2) Arch. Nat., Z^{1F} 1065, fol. 120-121 ; v. de Dartein, *op. cit.*, p. 41.
(3) *Reg. du Bureau*, t. XII, p. 448.
(4) R. de Lasteyrie, *op. cit.*, p. 93, et *Reg. du Bureau*, t. XII, p. 584.
(5) L'Estoile, *op. cit.*, t. VIII, p. 83.

V.-J. Nicolle. — Vue du Pont-Neuf et de la Samaritaine prise sous le Pont-au-Change (1779).

(Bibl. Nationale, Cabinet des Estampes.)

Pl. 25.

à la circulation, bien qu'il ne fut pas encore pavé. En tous cas, il est certain qu'il était utilisé par certains priviligiés au premier rang desquels était son royal protecteur. L'Estoile raconte en effet que le lundi 19 décembre 1605, « comme le Roi, revenant de la chasse, passait à cheval sur le Pont-Neuf, environ les cinq heures du soir, se rencontra un fol, qui, ayant un poignard nu sous son manteau, tâcha d'en offenser Sa Majesté ; et l'ayant saisi par le derrière de son manteau, que le Roi avait agrafé, le secoua assez long-temps, jusqu'à ce que chacun étant accouru au secours, étant pris et interrogé sur ce qu'il voulait faire, dit qu'il voulait tuer le Roi parce qu'il lui détenait injustement son bien et la plupart de son royaume, et plusieurs autres folies ; puis en riant dit que pour le moins il lui avait fait une belle peur. » Quoique fou, il risquait d'être pendu, mais Henri IV s'y opposa et lui fit grâce [1].

On [2] a voulu fixer la date d'achèvement du Pont-Neuf au mardi 6 février 1607, en se reposant sur une courte mention du même chroniqueur relatant que, ce jour-là, le Roi, « voyant que le Pont-Neuf était parachevé, sur lequel lui-même était déjà passé plusieurs fois... chargea les commissaires du pont de faire ouvrir une rue de cinq toises de largeur au bout du pont. » Ce passage n'a de valeur qu'en ce qui concerne la rue Dauphine ; il est beaucoup plus juste de reporter cet achève-ment au milieu de l'année précédente. En effet, le 8 juil-let 1606, le Conseil d'Etat rendait un arrêt ordonnant que des experts visiteraient et toiseraient les constructions du Pont-Neuf et que les commis chargés du maniement des deniers à ce affectés rendraient leurs comptes [3] : en ce temps où les inaugurations officielles ne sévissaient pas comme à notre époque, l'achèvement du Pont-Neuf peut être daté de ce jour [4].

(1) L'Estoile, *op. cit.*, t. VIII, p. 195.
(2) F. de Dartein, *op. cit.*, p. 42.
(3) Guillaume Marchant mourut en octobre suivant : il fut enterré à Saint-Gervais.
(4) Noël Valois, *Arrêts du Conseil d'Etat*, t. II, n° 10.316.

LA DÉPENSE DU PONT-NEUF

Les ressources financières affectées aux travaux du Pont-Neuf ont beaucoup varié, durant les vingt-cinq années qu'en dura la construction.

Dès sa première réunion, le 10 novembre 1577, la commission proposa de demander au roi l'imposition d'une crue d'un sol pour livre dans les généralités de Paris, de Champagne, de Rouen, de Caen et de Picardie ; le montant en fut évalué à 84.849 livres. Les lettres patentes du 16 mars 1578, par lesquelles Henri III confirmait les commissaires dans leurs fonctions, précisaient en même temps ces mesures fiscales et certains détails de trésorerie. Il est très certain que les ressources ainsi affectées au Pont-Neuf furent effectivement touchées ; la marche assez rapide des travaux jusqu'en 1588 indique que le manque de subsides n'intervint pas durant cette période.

Lorsque Henri IV ordonna la reprise des travaux, en février 1598 [1], les dépenses étaient toujours affectées sur les mêmes fonds, mais le taux de la crue fut réduit à 6 deniers pour livre, c'est-à-dire à moitié, et l'on remplaça les généralités de Rouen et de Caen, par celles de Soissons et d'Orléans. Encore la perception de cette crue ne s'opéra-t-elle pas sans difficulté parfois ; en 1599, il fut impossible de recouvrer les 12.000 livres de la crue envisagée, et il fut proposé de lever cette année là 7.400 livres sur la recette générale de Paris [2].

Il semble d'ailleurs que le produit de cette crue devint insuffisant. Aussi, en 1601, on substitua à cette taille un impôt de consommation spécialement affecté à la construction du Pont-Neuf. C'est Henri IV qui prit la décision de frapper d'une taxe de 25 sols chaque muid de vin entrant à Paris, autant pour achever le Pont-Neuf que pour rétablir les fontaines de la capitale. Le Corps de Ville, qui tint à ce sujet deux assem-

---

(1) *Reg. du Bureau*, t. XII, p. 386, n° 3.
(2) Arch. nat., Z¹F 1065. — V. de Dartein, *op. cit.*, p. 20, note 1.

blées le 10 mars et le 17 avril, trouva excessive cette taxe mais il se rendit compte qu'il ne pourrait obtenir ni le maintien de l'ancienne crue ni surtout, comme il le souhaitait, son extension à d'autres généralités ; aussi délégua-t-il le prévôt des marchands auprès du chancelier afin de demander au roi de réduire cet impôt à 15 sols par muid, affectés par moitié au pont et aux fontaines [1]. Cette modification fut vraisemblablement faite par Henri IV pour soulager le peuple épuisé par les dépenses des guerres de religion. Sauval a très exactement noté le fait : « Le roi, par un amour de père et sans exemple envers son peuple, abolit l'impôt que son prédécesseur avait créé en commençant (le pont) : bien plus qu'il emprunta de l'argent à divers particuliers, en paya la rente et le rendit peu de temps après. Que si, pour subvenir à quelques frais, il mit dix sols d'entrée sur chaque muid de vin, peut-être est-ce afin qu'il n'y eût que les riches et les ivrognes qui fournissent à cette dépense » [2].

Ce droit d'entrée sur les vins constituait une ressource appréciable. En 1606, il s'élevait à 15 sols par muid sur lesquels 6 sols 9 deniers seulement devaient être affectés à l'achèvement du Pont-Neuf, aux termes d'un arrêt du Conseil du 30 décembre 1606 ; un autre arrêt du 9 avril 1609 évaluant à 87.300 livres le produit annuel de cette taxe fixait la quote-part du Pont-Neuf à 30.000 livres pour la continuation des travaux du pont et des quais avoisinants. Le montant de ce droit d'entrée qui s'élevait à l'origine à 85.000 livres environ se montait donc encore à peu près à 40.000 livres en 1606 et à 30.000 en 1609 [3] ; il diminua ensuite par la réduction de 5 sols prélevés pour cinq ans en vertu d'un arrêt du Conseil

---

(1) Henri IV ratifia l'entente ainsi établie par lettres du 27 avril 1601, qu'il confirma le 12 février 1602. — V. de Lasteyrie, *op. cit.*, p. 90. *Reg. du Bureau*, t. XII, p. 388-92 et 410-415.

(2) Sauval, *Antiq. de Paris*, t. I, p. 232.

(3) De novembre 1606 à novembre 1609, le receveur de la Ville délivra à Anne Jacquelin et Henri Estienne, trésoriers des bâtiments du Roi, pour la construction du Pont-Neuf, respectivement 33.738 livres et 43.500 livres (Arch. Nat. KK. 469, fol. 8 à 15).

du 3 avril, sur les 15 sols antérieurement perçus [1] : le produit de ces 5 sols était destiné à couvrir les dépenses faites à l'occasion de l'entrée de la reine.

Il est à peu près impossible de se rendre compte exactement des sommes qui furent dépensées pour la construction du Pont-Neuf, entre 1578 et 1610 environ. Ce qu'il y a de plus intéressant à relever dans l'histoire des ressources financières qui en alimentèrent les travaux, c'est le remplacement fait, depuis le commencement du XVIIᵉ siècle, du produit de la taille par un simple droit d'octroi. Ce changement constitue un des témoignages intéressants de l'esprit d'équité et de progrès apporté par Henri IV et Sully dans la réforme financière du pays ; il laisse percevoir en même temps l'habileté du Béarnais qui soulageait les taillables de plusieurs généralités provinciales d'un fardeau financier sans profit pour eux tandis que, par un impôt mieux ajusté, il attachait plus étroitement les Parisiens aux grands travaux d'édilité qu'il entreprenait à leur avantage, avec une conception dont la grandeur fut rarement dépassée, depuis son règne.

L'ENTRETIEN DU PONT-NEUF
DEPUIS HENRI IV

Les travaux d'entretien et de restauration faits au Pont-Neuf à partir du XVIIᵉ siècle ont porté presque constamment sur la consolidation des piles du grand bras qui restaient le point sensible du monument.

Les contre-bâtardeaux projetés en 1601 semblent avoir été exécutés mais ils ne furent pas suffisamment efficaces puisque les visites du 21 novembre 1619 et des 12 janvier, 8 octobre et 16 novembre 1621 en firent reconnaître le mauvais état autour de certaines piles, ainsi que des fentes dans la maçonnerie : il est certain qu'on effectua des travaux de consolidation

(1) Noël Valois, *op. cit.*, t. II, nⁿ 10.179, 10.710, 13.550, 15.521.

à la suite de ces constatations, mais on fut obligé de démolir les contre-bâtardeaux établis vingt ans auparavant [1].

Des affouillements et des fractures furent relevées à nouveau en 1666. Claude Le Petit fait allusion à ce mauvais état du pont quand il écrit, dans son *Paris ridicule*, vers 1663 ou 1664 :

> *D'un bon régal de nerf de bœuf,*
> *Saluons ces voûtes mal jointes...*
> *Pont en cent endroits rajusté*
> *Tout ainsi qu'un vieux soufflet d'orgue ?...* [2]

Un rapport sur l'état des ponts de la ville de Paris fut dressé, le 19 août 1666, par Michel Villedo et Simon de Lespine, maîtres des œuvres de maçonnerie du roi, Sébastien Bruand, maître des œuvres de charpenterie, et Jacques Bornat, architecte et expert pour les bâtiments du roi. Ce rapport donne tout le détail des dégâts relevés au cours de cette visite et précise les travaux de restauration à exécuter [3].

En 1728, les trois piles du grand bras les plus voisines du terre-plein et le mur de ce dernier nécessitèrent à leur tour des travaux de réfection qui furent dirigés par R. de Cotte. Ces travaux, qui semblent avoir échappé jusqu'ici à l'attention de tous les historiens du Pont-Neuf, constituèrent surtout en création de « crèches » autour des piles et en enfoncement de pieux de protection ; ils durent être assez importants puisque le devis détaillé présenté par de Cotte prévoyait une dépense de 35.130 livres. Un entrepreneur, Gervais Sualem Rennequin, soumissionna pour ces travaux, à la date du 13 décembre 1728 [4].

En 1778, à la suite de l'incendie d'un laminoir [5] placé sous

---

(1) F. de Dartein, *op. cit.*, p. 46-47. Arch. Nat., Z¹F 1065.
(2) V. t. II, chap. III, *Histoire Littéraire du Pont-Neuf.*
(3) Arch. Nat., Z¹F 1065.
(4) *Ibid.*, O¹ 1693-1.
(5) Arch. Nat., O¹ 1597-9. Ce laminoir avait été établi en 1768 par Vatrin ; ses machines servaient aux orfèvres voisins.

la maîtresse arche du grand bras, une visite minutieuse de la voûte fut prescrite par le comte d'Angivillier, Directeur général des bâtiments du Roi ; quatre membres de l'Académie royale d'Architecture, Perronet, Soufflot, Moreau et Brébion furent commis pour cet examen et déposèrent un rapport à ce sujet, le 1er octobre 1778. Un certain nombre de dégradations furent relevées qui avaient pour cause l'incendie du moulin et des malfaçons dans la qualité des matériaux employés : il en ressort que cette voûte avait été fort mal construite et semblable constatation fut faite plus tard pour les autres voûtes du même bras ; l'âpreté au gain et la négligence des entrepreneurs n'y furent peut-être pas étrangères, mais la brièveté du délai de trois années prescrit par Henri IV en demeure la cause principale. On releva des affouillements assez importants à l'éperon du Pont-Neuf et aux deuxième et troisième piles. Il n'apparaît pas que les conclusions du rapport des quatre experts, tendant à la reconstruction par moitié de l'arche intéressée, aient reçu une exécution rapide ; des devis de dépenses étaient en effet déposés seulement en novembre et décembre 1779, pour une somme de 53.926 livres. Deux charpentiers, Jean-Baptiste et Pierre-René Bellanger soumissionnèrent le 20 novembre pour les ouvrages de charpente, ce qui laisse supposer que les travaux durent être finalement exécutés [1].

Au XIXe siècle au contraire, d'importants travaux de reconstruction et de restauration ont été entrepris et ont fait disparaître les inconvénients signalés antérieurement.

Les soubassements des piles étaient à nouveau renforcés en octobre 1802 [2].

En 1827, on a remplacé les pierres de la voûte de l'arche attenante au quai des Augustins, ainsi que les sculptures de la corniche, mais toutes les voûtes, celles du grand bras surtout, exigeaient d'importantes restaurations. Un projet, dressé

---

(1) Arch. Nat., O¹ 1693-5 et 6.
(2) *Moniteur* du 12 octobre 1802.

A. Martial-Potémont. — Une arche du Pont-Neuf (1852).

le 28 février 1842 par les ingénieurs Poirée et de Lagalisserie, sous la direction de Onfroy de Bréville et de Michal, reçut certaines modifications ; approuvé le 8 mai 1845, il ne fut exécuté qu'à partir de mai 1848, par les ingénieurs Poirée puis Savarin, sous la direction de Lagalisserie. Sur le grand bras six voûtes sur sept furent reconstruites et en même temps abaissées par la substitution dans leur profil de l'anse de panier au plein cintre primitif ; on restaura les voûtes du petit bras, sans les rebâtir. Sur les deux bras on réduisit les déclivités de la chaussée, on abaissa les trottoirs et l'on refit complètement les façades ; les boutiques furent toutes supprimées et les mascarons refaits, sous la double obligation d'offrir la reproduction des anciens et de ne pas se répéter. Au grand bras, les 97 mascarons d'amont furent sculptés par Maindron et les 96 d'aval par Barye ; quant aux 62 mascarons d'amont et aux 59 d'aval du petit bras, ils furent confiés à Fontenelle et à Lavigne. Vers la même époque, de 1853 à 1855, on plaça sur le pont les candélabres actuels, exécutés sur les dessins de Baltard.

Ces travaux importants n'avaient porté que sur les arches et la partie supérieure du Pont-Neuf. En 1885, l'approfondissement du lit de la Seine, fait en vue de porter à 3 mètres le tirant d'eau, provoqua un affaissement de la deuxième pile du petit bras, au Nord de la rive gauche [1]. On fut obligé de reconstruire les deux moitiés des arches attenantes et la moitié de la pile en question. Pour prévenir le retour d'accidents analogues, on consolida toutes les piles du pont, une exceptée, en les enveloppant à la base d'un mur qui protège efficacement les fondations. Ces travaux durèrent, au petit bras de 1886 à 1887, au grand bras de 1888 à 1890 [2].

---

[1] Dans son numéro du 26 décembre 1885, *l'Illustration* donnait deux gravures sur bois d'A. Lepère, représentant cet affaissement.

[2] Tous ces détails ont été empruntés au chapitre si documenté que F. de Dartein a consacré à ces travaux dans son ouvrage sur le *Pont-Neuf*; le même auteur calcule que les travaux de restauration effectués au cours du xix° siècle ont coûté 2.617.468 francs ; cette dépense a été supportée moitié par la Ville et moitié par l'Etat.

Depuis cette dernière date, l'ère des restaurations et des
consolidations semble être close, d'ici longtemps, pour le Pont-
Neuf qui, depuis cent ans, aura probablement coûté plus cher
à être restauré que s'il avait fallu le reconstruire entièrement.
Les vicissitudes de son entretien n'ont pas nui d'ailleurs à sa
réputation ; le proverbe, « solide comme le Pont-Neuf », en
témoigne, et c'est peut-être ce simple dicton qui restera dans
l'avenir, mieux que les architectes, le plus sûr garant du
Pont-Neuf.

CHAPITRE III

LES ANNEXES DU PONT-NEUF

LE Pont-Neuf, une fois construit, connut le sort de tous les monuments nouveaux, qui payent leur existence de la plus dangereuse des rançons : le besoin irrésistible que leur auteur même éprouve alors de les « compléter ».

Le roi à qui Paris devait ce Pont magnifique, ne résista pas à l'amoureux désir d'ajouter à son œuvre à peine terminée et il combla son dernier favori de pierre d'un cadeau utile certes, mais encombrant : cette pompe énorme juchée sur pilotis contre l'un des flancs du Pont-Neuf, qui s'est appelée la Samaritaine. Cette première annexe fut d'ailleurs, avec le temps, suivie de plusieurs autres [1], les unes sur le pont même : les boutiques, d'abord volantes, puis fixes ; les

(1) La statue d'Henri IV ne sera pas, en raison de son importance, étudiée ici, mais fera l'objet, dans le Tome II, d'un chapitre spécial.

autres, en dessous ou à côté : les moulins à eau, ces inévitables parasites des anciens ponts de Paris, et les bains flottants.

LA SAMARITAINE

C'est à un étranger, Jean Lintlaër — à qui on a donné parfois une origine allemande, mais qui semble, d'après la plupart des documents, avoir été flamand, — que le Pont-Neuf doit d'avoir reçu, tout au début du XVIIe siècle, cette annexe curieuse et dès lors inséparable de son histoire, que le peuple de Paris appela « la Samaritaine ».

Un brevet de Henri IV, en date du 2 janvier 1602, ordonna en effet la construction d'un bâtiment sur pilotis sous l'une des arches du nouveau pont, destiné à recevoir une pompe dont « *Jean Lintlaër, flamand, a l'invention et pratique* » : la machine devait être capable d'élever une quantité suffisante d'eau de la Seine pour permettre de l'utiliser dans les jardins des Tuileries [1].

Mais à vrai dire, la naissance de ce « *moulin à pompes* », malgré ces apparentes facilités, n'avait pas été sans soulever déjà quelques discussions entre la Ville et le Roi. La Ville, croyant voir là une emprise sur son domaine et une atteinte à ses prérogatives, avait tout d'abord protesté contre l'établissement de cette machine, la première de ce genre que Paris ait possédée : elle alla même jusqu'à donner à Lintlaër l'ordre de cesser ses travaux. D'une plume que n'aurait pas dédaignée son petit-fils, le Béarnais écrivit alors à Sully cette lettre datée de Fontainebleau, le 23 août 1604 :

« Mon ami, sur ce que j'ai entendu que le prévost des marchands et échevins de ma bonne ville de Paris font quelque résistance à Lintlaër, Flamand, de poser le moulin servant à son artifice à la deuxième arche du costé du Louvre, sur ce qu'ils prétendent que cela empêcheroit la navigation, je vous prie de les envoyer quérir et leur parler de ma part, leur remontrant en cela ce qui est de mes droits, car, à ce que

____

[1] Bibl. Nat., ms. franç. 21.631, fol. 76.

i'entends, ils les veulent usurper, attendu que ledit pont est fait de mes deniers, et non des leurs [1]. »

Le nouveau prévôt des marchands, François Miron, élu le 16 août précédent, adopta les vues du Roi et, pour ménager l'honneur municipal, on recourut, quelques jours plus tard, à la formalité banale d'une expertise.

Le 27 août 1604, le Bureau de la Ville convoquait Pierre Guillain, maître des œuvres de maçonnerie de la Ville, Jean Grossier, « marchand et voicturier par eaue », Mathieu Mascrier et Nicolas Bourguillot, tous deux maîtres des ponts de la Ville, en qualité d'experts ; il leur soumit le projet de moulin à pompes qu' « *il plaist au Roy faire faire... soubz le Pont-Neuf* » et leur demanda leur avis au sujet de l'emplacement le meilleur pour l'établissement des pieux destinés à supporter cette pompe [2]. Les experts proposèrent de construire celle-ci contre la deuxième arche, du côté du quai de la Mégisserie. La machine qui allait s'appeler la Samaritaine était née.

L'ensemble consistait en une construction assez simple dont la haute toiture était percée de nombreuses lucarnes [3]. On y jouissait d'une fort belle vue et Tallemand des Réaux rapporte que c'est à l'une des fenêtres donnant vers le Louvre que se plaça Mme des Vertus pour bien voir le marquis de Sourdis administrer de sa part à Beautru une verte bastonnade sur le quai de l'Ecole. Au sommet, s'élevait un campanile fort simple et dans le galbe du pignon, sur la façade du côté du Pont-Neuf, était encastré un groupe sculpté et doré qui représentait Jésus-Christ près du puits de Jacob et la Samaritaine lui offrant à boire. On ignore à qui fut confiée l'exécution de ce groupe célèbre auquel le bâtiment entier est redevable de son nom. Au-dessus de ces sculptures, une

(1) *Mém. de l'Ac. des Insc.*, t. XXX, p. 743.
(2) *Reg. du Bureau*, t. XIII, p. 349.
(3) Un excellent tableau contemporain conservé au Musée de Versailles (n° 780 de l'inventaire Soulié) permet de se rendre compte des détails de ce bâtiment : c'est très probablement l'œuvre d'un de ces nombreux artistes flamands qui travaillaient alors à Paris. Il doit avoir été exécuté entre 1630 et 1640, comme l'a indiqué Bonnardot.

horloge, pourvue d'un carillon à la manière flamande, marquait les heures, mois et jours sur deux cadrans, orientés l'un vers le Pont-Neuf, l'autre vers le Louvre. L'eau élevée par les machines était dirigée par des tuyaux de plomb dans un grand réservoir situé en plein cloître Saint-Germain l'Auxerrois [1] et se répandait de là sur le quai, dans le jardin neuf du Louvre, sur les terrains compris entre la rue Saint-Nicaise et les Tuileries et dans les bassins des jardins [2]. A la date du 3 octobre 1608, Malherbe écrivait triomphalement à Peiresc : « *l'eau de la pompe du Pont-Neuf est aux Tuileries* ».

Le carillon était peut-être, avec l'horloge, ce qui attira le plus de popularité à la nouvelle pompe du Pont-Neuf. « Au dessus du groupe », écrit André Duchesne, « il y a une industrieuse horloge qui non seulement montre et marque les heures devant midy, et celles qui suivent aprez en descendant, mais encore qui sert à connaistre quel chemin le soleil et la lune font sur notre horizon représenté selon la diversité de leurs cours par une pomme d'ébène, voire qui représente les mois et les douze signes du Zodiaque, compris dedans six espaces en montant et six espaces en descendant. Plus, quand l'heure est prête à sonner, il y a derrière l'horloge certain nombre de clochettes, lesquelles représentent tantôt une chanson, tantôt une autre qui s'entend de trez loing et est fort récréative [3]. »

Ce carillon était, on l'a vu, une invention de Jean Lintlaër ; on sait d'ailleurs que celui-ci, quelques années plus tard, en 1612, se présentait à l'adjudication faite par la Ville d'une horloge nouvelle à l'Hôtel de Ville [4]. Ce carillon était, paraît-

(1) Le 5 mars 1607, fut passée une transaction entre M. de Fourcy, surintendant des bâtiments du Roi, et les chanoines de Saint-Germain-l'Auxerrois, relative à la cession de cinq toises de profondeur d'un mur pour l'établissement d'un réservoir destiné à contenir les eaux provenant de la Samaritaine. (Arch. Nat., O¹ 1597-1.) D'après un document de 1653, ce réservoir était placé au troisième étage d'un bâtiment situé à l'extrémité du cloître, vers la Seine. (Arch. Nat., S 69.)

(2) Miron de L'Espinay, *François Miron et l'administration municipale*, p. 258-260.

(3) André Duchesne, *Antiquités des villes et chasteaux de France*.

(4) *Reg. du Bureau*, t. XV, p. 129.

LANGLOIS. — Vue de la Samaritaine.

PL. 27.

il, mis en jeu par des cylindres qui fonctionnaient au moyen de roues hydrauliques [1]. Originairement un petit clocheteur, — ou crocheteur, selon la déformation populaire — était placé au sommet du campanile et y frappait les heures avec un marteau. Par malheur pour ce petit jacquemart, que les badauds parisiens préférèrent vite à ses émules des horloges de Saint-Paul et du Marché Neuf, les faiseurs de libelles le prirent pour enseigne et lancèrent leurs pamphlets sous son nom [2]. Les gens de justice s'émurent et devant la difficulté de saisir ces guêpes insaisissables, on prit le parti d'enlever le petit clocheteur qu'on remplaça par une grande fleur de lis, vers 1611. Puis, quand les libellistes n'y pensèrent plus, on le rétablit un an plus tard [3].

Les travaux furent poursuivis assez activement, puisque, dès novembre 1606, le Bureau de la Ville interdisait d'attacher des bateaux à la Samaritaine. Ils furent terminés avant la fin de la prévôté de François Miron, en 1608. L'édification du réservoir du cloître Saint-Germain l'Auxerrois était entamé en février 1607 [4]; en mars 1608, on commençait la construction des conduites maçonnées par lesquelles l'eau de la pompe parvenait au vivier royal, dans le jardin des Tuileries; en mai suivant, on creusait les tranchées nécessaires au passage des canalisations d'eau entre le port de l'Ecole et le

(1) Il semble avoir été mis en place de bonne heure, car Beauvais-Nangis, en racontant dans ses *Mémoires* (p. 84) un coup de main sur Berg-op-Zoom exécuté en 1605, écrit : « Nous ouismes l'horloge qui sonna par reprises, *comme la Samaritaine sur le Pont-Neuf.* »

(2) Voir les détails de cette histoire dans E. Fournier auquel revient le mérite de les avoir découverts et groupés en une page des plus documentées (*op. cit.*, p. 164).

(3) D'après une pièce de Horry. — *Lettre consolatoire escripte par le général de la compagnie des crocheteurs de France à ses confrères sur son rétablissement au-dessus de la Samaritaine du Pont-Neuf, narrative des causes de son absence et voyages pendant icelle...*, 1612, in-12, publiée par E. Fournier dans : *Variétés hist. et litt.*, t. IV, p. 227. La figure du nouveau crocheteur n'avait pas d'ailes comme la première mais tenait une bouteille à la main. Le dernier vers du couplet consacré à la Samaritaine par Claude Petit ne contiendrait-il pas une allusion à ce changement d'attributs?

> *...Mais Dieu qui remplit ce vaisseau*
> *Ferait un bien plus beau miracle*
> *S'il changeait en bon vin son eau.*

(4) Cab. des Estampes, C^on de Cotte n° 215.

vivier; l'année suivante enfin, en juillet 1609, on entreprenait la construction d'un grand bassin central, dans le jardin du palais, auquel aboutissait une partie de l'eau de la pompe [1]. Le 5 mai 1612 seulement, un arrêt du Conseil ordonnait l'entier paiement de ce qui restait dû à Lintlaër pour ses appointements et pour la construction de la Samaritaine [2].

Les conditions de distribution de l'eau furent vraisemblablement assez difficiles à fixer, car la pompe « devait eslever la quantité de 24 pouces d'eau, mais la vérité est qu'elle n'en a jamais pu eslever, tant en hiver qu'en été, plus de 20 pouces. La distribution s'en fait par simples brevets aux personnes suivantes... Le tout se monte à 18 pouces. Après fourniture de l'eau à tous les particuliers cy-dessus, le Roi a le reste pour son Louvre [3] ».

Jean Lintlaër a lui-même laissé, de sa main, un « Estat [4] de ce qu'il est besoin entretenir deppendant du faict et charge des pompes et fontaines artificielles du Pont-Neuf de ceste ville de Paris, oultre l'entretènement ordinaire des mouvements et artiffices desdictes pompes, tant en ce qui est de la conduicte de l'eaue d'icelles aux jardins du pallais des Thuilleries, vivier desdictes Thuilleries, fontaine du jardin neuf du Louvre et celui desdictes Thuilleries cy-devant appellé le jardin des Ciprès, que grand bassin et réservoir estant au cloistre Sainct-Germain l'Auxerrois et fontaine sur le quay de l'Escolle, mesme pour la conduicte et entretènement de l'orloge estant au haut de la maison desdictes pompes et cadrans d'icelles mis aux pignons de ladicte maison... » Lintlaër proposait de se charger de l'entretien général de la pompe moyennant des appointements annuels de 1.200 livres, sauf le cas de grosses réparations dépassant

(1) Les différents marchés relatifs à ces travaux ont été publiés par F. de Mallevoüe dans « *Les Actes de Sully* », sous les n⁰ˢ LXII, LXIV, LXVI et LXVII.

(2) *Reg. du Bureau*, t. XV, p. 129, note 2.

(3) Bibl. de l'Institut : Cᵒⁿ Godefroy n° 480.

(4) Bibl. Nat. ms. franç. 16652, fol. 97. Cet état, non daté, est probablement un projet établi en vue du contrat d'avril 1608, mais à une époque sensiblement antérieure.

5o livres. Il y est précisé, en particulier, que l'eau du vivier des Tuilleries doit être *« toujours nette pour le plaisir du Roi »*. Le même document mentionne expressément que l'horloge de la pompe fut *« naguère acheptée par le Roy de maistre Jean Lintlaër. »*

Les travaux exécutés par celui-ci à la Samaritaine le firent employer par le Roi à des ouvrages de natures très différentes pour les Tuilleries. C'est ainsi que, en 1608, Lintlaër livrait à Henri IV un « basteau en forme de gondolle, façon du Pays Bas,... lequel a esté mis dans le vivier du grand jardin des Thuilleries » : on le lui paya 150 livres; l'année suivante, en 1609, il fournissait, moyennant un prix convenu de 600 livres, un « grand vase de bronze et cuivre de canon... pour être mis au milieu dudict vivier, tant pour l'ornement d'iceluy que pour jeter l'eaue sortant du gros tuyau [1] ».

La distribution de toute cette eau, qui était la raison d'être de la Samaritaine, devait devenir un perpétuel souci pour son gouverneur. On se la disputait et sa répartition fit l'objet de fréquentes instructions et de non moins nombreuses concessions de la part du Roi [2]. Sous Louis XIII, la pompe alimentait ainsi, par un nouveau conduit, le jet d'eau qui jaillissait dans le parterre du logement de Mademoiselle. De là Richelieu fit dériver l'eau jusqu'au Palais Cardinal [3]; mais Mme de Rambouillet s'en vit refuser le passage — intéressé — à travers le jardin de son hôtel [4]! Sous Louis XV, le surintendant des Bâtiments s'étonnait encore du nombre de personnages divers qui recevaient de l'eau de la Samaritaine!

Si la faveur de Henri IV avait valu à Jean Lintlaër d'être désigné — on pourrait même dire : imposé — pour la cons-

(1) Arch. Nat., E 35 ᴮ, fol. 53.

(2) L'acte de vente daté du 20 septembre 1660 par lequel le comte de Brienne et son fils vendaient leur hôtel du quai Malaquais à Armand de Bourbon prince de Conti précise la cession d' « un demi-pouce d'eau à prendre à la pompe du Pont-Neuf » concédé audit Brienne par le Roi. V. Léo Mouton. — *Le manoir de Jean Bouyn et l'Ecole des Beaux-Arts*, p. 38.

(3 Bibl. Hist. de la Ville de Paris. N. A. 123, fol. 48 : marché passé entre Françoise Robin et le Cardinal de Richelieu, le 7 mars 1636.

(4) V. Ed. Fournier, *oo. cit.*, p. 160-161.

truction de la pompe, elle s'exerça sans nul doute non moins efficacement lorsqu'il s'agit de nommer quelqu'un pour l'entretien des machines : c'était autant de titres pour qu'il devint le premier « maistre de la pompe du Pont-Neuf ». Au point de vue purement administratif, la Samaritaine ressortait de la Surintendance des Bâtiments royaux. Aussi n'est-on pas surpris qu'un contrat ait été signé le 22 avril 1608 entre Jean de Fourcy, le surintendant, et Jean Lintlaër qui se chargeait de l'entretien et de toutes réparations « du logis et du moulin », moyennant des appointements de 3.000 livres par an, auxquels s'ajoutait le logement dans la Samaritaine même. Un brevet du 16 mars 1619, confirmé à nouveau le 8 février 1620 [1] assura la survivance de ce poste à la femme de Lintlaër, Françoise Robin, et à leurs deux fils [2].

Construite rapidement, la Samaritaine fut très loin d'être économique pour les Bâtiments royaux qui, jusqu'à la Révolution, y engouffrèrent, à petits coups ou par grosses restaurations, des sommes énormes, dont témoigne, aux Archives Nationales, un volumineux dossier. Il est très probable que des réparations indispensables s'imposèrent assez vite [3] et comme leur montant dépassait certainement les sommes prévues pour l'entretien, on s'explique qu'un nouveau contrat ait été signé, le 12 mars 1622, entre le surintendant et Lintlaër : un supplément de 1.000 livres par an était assuré à ce dernier pour l'entretien des conduites d'eau et venait s'ajouter à ses 3.000 livres de traitement [4].

(1) Arch. Nat., O¹ 1597-1, et Bibl. Nat., ms. franç., 21631, fol. 81. — Le marché du 22 avril 1608 a été publié *in extenso* par F. de Mallevoüe, dans les *Actes de Sully*, p. 152, n° LXV.

(2) *Ibid.* et O¹ 217, fol. 21. — V. J. Guiffrey, *Liste des artistes et artisans des châteaux royaux... de 1605 à 1656*, dans *Nouv. Arch. de l'Art. franç.* (1872), p. 35. Ces deux enfants étaient Claude, l'aîné probablement, et Louis, plus tard contrôleur des bâtiments dont Bonaffé signale des dessins qui ont été gravés sous le nom de Lintlaër. Louis avait eu pour parrain à son baptême le roi Louis XIII.

(3) Dès mars 1608, on était obligé de renforcer les combles « pour le grand fardeau des cheminées, cloisons et planchers dudit logis. » *(Actes de Sully : p. 148, n° LXIII.)*

(4) Arch. Nat., O¹ 1597-1.

On ignore la date du décès de Jean Lintlaër. Son fils Claude [1] qui lui succéda, et qui devait être l'aîné, était un collectionneur connu, au milieu du XVIIe siècle; dans le *Journal* de John Evelyn, qui vint à Paris vers 1651, on lit cette curieuse description de la Samaritaine et des collections qu'elle renfermait à cette époque :

« Je suis allé, dit-il, revoir la Samaritaine sur le Pont-Neuf, qui, bien que cela ne semble pas promettre grand'chose, est pourtant, sans compter sa machine, remplie de curiosités tant artificielles que naturelles. C'est surtout dans la grotte où sont les plus beaux coraux que j'aie vus : de grands morceaux de cristal, des améthystes, de la mine d'or et d'autres métaux, des marcassites et deux grandes conques que le propriétaire nous dit avoir payées deux cents écus à Amsterdam. Ce monsieur nous fit voir aussi nombre de vues et de paysages fort bien peints en miniatures, d'autres à la plume et au crayon; des dessins d'antiquités de Rome et, par-dessus tout, celui de l'*intérieur du Colisée* qui est son propre ouvrage et un chef-d'œuvre; deux *jeunes enfants* et deux *squelettes*, moulés par le Fiammingo; un livre de *dessins de statues* faits à la plume pour Henri IV : ce livre fait voir toutes les fautes de Perrier, qui a ajouté beaucoup de choses de sa façon qui ne sont pas dans les originaux. Il a encore une collection infinie de *gravures* richement reliée de maroquin.

« Il nous fit entrer dans une chambre digne, pour ses meubles, de recevoir un prince, avec des tableaux des plus grands maîtres, particulièrement une *Vénus* de Perino del Vaga. Les *statuettes d'enfants* qui ornoient la cheminée étaient sculptées par le Flamand. On y voyait des vases de *porcelaine*, d'autres exécutés sur les dessins de Raphaël; quelques tableaux du Poussin et de Fioravanti; des *antiques* de bronze, des consoles et des cadres de glaces d'un rare travail. En un mot, là tout était grand, choisi et magnifique, et je me reprochois

(1) Son prénom figure dans un dossier de poursuites exercées contre sa veuve par le chapitre de Saint-Germain-l'Auxerrois pour enlèvement de plomb du réservoir (Arch. Nat. S. 69).

d'avoir si souvent passé devant, comme je l'avois fait, sans soupçonner qu'il y ait eu de si belles choses à voir dans un pareil lieu. À une visite ultérieure, il nous montra une nouvelle grotte et des bains établis dans une grande voûte ménagée à l'intérieur même du pont, en sorte que nous entendions les voitures et les chevaux tonner au-dessus de nos têtes. »

Claude Lintlaër était parvenu, on le voit, à agrandir singulièrement le domaine paternel en prolongeant la pièce située dans la pile du pont jusqu'à une autre pièce ouvrant sur l'autre face : un souterrain les reliait et permettait de traverser à couvert le pont dans sa largeur. « Il s'étoit proposé », dit Sauval, « de faire descendre de la pompe dans toutes les chambres quantité de jets d'eau; et même avoit déjà placé si industrieusement quelques miroirs dans la chambre qui regarde le Pont-au-Change [1] qu'il voyoit à son aise tout ce qui se passoit sur la rivière ». Lintlaër projetait aussi d'y installer des bains mais la mort fit avorter « tous ces desseins si ingénieux et si galants. »

La veuve de Claude Lintlaër, Claude Barbier, et ses deux enfants obtinrent, le 14 juillet 1651, un brevet de survivance en leur faveur. Il est probable que c'est à la suite d'une plainte déposée contre elle par le chapitre de Saint-Germain l'Auxerrois pour enlèvement de plomb du réservoir [2] que la veuve de Lintlaër démissionna, le 14 septembre 1653, en faveur de Pierre Hubault, ingénieur ordinaire du Roi; ce dernier fit de même, le 23 avril 1654, en faveur de Denis Jolly, mais demeura en place encore quelques années : en décembre suivant, il recevait en effet l'autorisation de changer les mouvements de la pompe et de disposer à son profit de l'excédent

(1) Une très rare gravure anonyme du début du xix⁰ siècle, vers 1802. (Musée Carnavalet, Top. Paris, gr. cart. I ter) confirme cette description sur l'un de ses points les plus curieux; dans la deuxième pile du pont contre laquelle était placée la Samaritaine, on distingue en effet très nettement une fenêtre ouverte sur la face amont du côté du midi : il semble bien qu'on doive y reconnaître l'ouverture servant à l'éclairage de la pièce installée par Lintlaër dans l'intérieur de la pile dont parle John Evelyn.

(2) Arch. Nat., S 69. Ses enfants y sont dits « mineurs ».

d'eau qui dépasserait les 32 pouces dus au Roi. Le 5 juin 1657, Hubault cédait son poste à Claude Bavot qui, le même jour, le recédait à Denis Jolly [1].

Une affaire de vol sur les plombs fournis pour les eaux de Versailles fit chasser Jolly de la Samaritaine sans indemnité, à une date antérieure à 1693 ; en effet, on trouve mention, comme maître de la pompe à cette époque, d'un nommé Laforest auquel Lefebvre succède le 16 avril 1694, et l'on sait, d'autre part, que la candidature du nouveau fonctionnaire avait été fortement appuyée par Colbert de Villacerf : ce qui n'empêcha pas que son traitement fut réduit par Mansard en 1698 à 2.500 livres [2]. Lefebvre mourut dans le courant de 1709 [3].

Des travaux assez importants furent effectués durant cette période qui correspond à celle de presque tous les grands travaux du règne de Louis XIV ; les *Comptes des bâtiments du Roi* permettent de se rendre compte que, dès 1665, on dut remplacer la construction primitive de Henri IV par un pavillon assez surélevé, que diverses gravures laissent voir. Les historiens qui se sont occupés de la Samaritaine ne semblent pas avoir assez remarqué les paiements effectués en décembre 1665 aux sculpteurs Jean et Etienne Blanchard pour « les figures de plomb qu'ils font » alors à la Samaritaine ; on aurait donc, à cette date, déjà remplacé les figures primitives de la façade qui, d'après certains auteurs anciens, étaient l'œuvre de Germain Pilon, le fils. En août 1686, on repeignait déjà, redorait et rebronzait tous les ornements et figures de la façade [4]. En 1684, le carillon fut refait : les clochettes de la nouvelle sonnerie furent fondues par Drouard et Minville. On y ajouta un cadran anémomique qui « par le moyen d'une Renommée tournant au gré du vent, se hausse quand l'air est pesant et se baisse quand il est léger et marque les

(1) Arch. Nat., O¹ 1597-1 et S 69.
(2) Arch. Nat., O¹ 1597-1 et 6.
(3) *Comptes des bâtiments du Roi*, t. V, p. 468.
(4) *Ibid.*, t. I, pass.

vents sur des cadrans ». La machinerie de la pompe fut également modifiée par Jolly [1]. En 1708, à la fin du gouvernement de Lefebvre, des ornements y étaient fournis par Desjardins, « sculpteur-fondeur » [2].

C'est durant cette même période que commence à apparaître la question des bateaux qui, en se plaçant en amont, empêchaient « le courant de l'eau devant la Samaritaine » : toute la correspondance échangée entre le gouverneur de la pompe et la Surintendance retentira de ce brûlant sujet au cours du xviiiᵉ siècle! Une note, signée de Colbert, demandait déjà, en 1679, au prévôt des marchands, d'étudier la réglementation à imposer aux bateaux qui contrevenaient aux ordres donnés [3]; différentes ordonnances avaient été et furent prises pour obvier à cet inconvénient, en particulier les 16 mars 1667, 7 février 1706, 5 août 1717 et 19 juillet 1764; un arrêt du Conseil avait porté même interdiction, dès le 25 mai 1675 [4].

Les bateliers qui ne s'y conformaient pas trouvèrent d'ailleurs, durant toute la première moitié du xviiiᵉ siècle surtout, un observateur méticuleux autant qu'un adversaire impitoyable en la personne du Gouverneur de la Samaritaine qui, en 1710, fut appelé à succéder à Lefebvre : René Duvernay de La Vallée devait être l'un de ces anciens premiers commis de la Direction des Bâtiments royaux auxquels la coutume s'établit, vers ce moment, d'accorder la « Conciergerie du Château de la Samaritaine et le gouvernement des machines »; nommé par la faveur du duc d'Antin, il ne cessa, pendant *cinquante-six ans* qu'il demeura en fonctions, de faire preuve d'une intransigeance de bureaucrate au moins égale à sa flatterie obséquieuse envers les différentes personnalités que la longueur immodérée de cette retraite lui donna comme chefs. L'abondante correspondance qu'il a laissée est curieuse à

---

(1) D'après la légende de la vue de la Samaritaine gravée par Langlois vers 1710.
(2) *Comptes des bâtiments du Roi*, t. V, p. 240.
(3) Arch. Nat., O¹ 1854-1.
(4) *Ibid.*, O¹ 1597-1 et 5.

Jean-Baptiste et Nicolas Raguenet. — Le Pont-Neuf et la Samaritaine, vers 1760.

(*Musée Carnavalet.*)

feuilleter, car elle le montre attentif au « petit des choses » bien plus qu'à l'essentiel; sans doute, il se préoccupe consciencieusement des réparations du bâtiment ou des machines et prévient scrupuleusement la Direction des moindres avaries survenues à la pompe. Mais combien cela intéresse peu, on le sent, cet homme méticuleux et écrivassier à côté de l'aménagement de son habitation [1], du montant de ses appointements (qu'il mettra vingt-huit ans à faire rétablir de 2.500 livres au chiffre primitif de 4.000), de la livrée de son portier [2], ou de certaines prérogatives comme la garde des clefs de la grille d'entourage de la statue de Henri IV qu'il refuse impitoyablement à quiconque, fût-ce au prévôt des marchands, sans un ordre écrit !...

La Vallée était nommé « gouverneur de la Samaritaine » depuis un an, lorsqu'on décida de reconstruire la vieille pompe qui, datant de Henri IV, se délabrait de plus en plus : les pilotis étaient rongés et des affaissements se remarquaient dans l'édifice dont la reconstruction devenait indispensable. « Je vous fais part d'une grande nouvelle », écrit Mme du Noyer dans ses *Lettres galantes* [3], « c'est la chute de la Samaritaine. Ce fameux ornement du Pont-Neuf vient d'être mis à bas, parce qu'il a fallu faire de nouveaux pilotis pour le soutenir... » De la fin de 1711 à 1715, on y exécuta des travaux très importants. On démolit complètement le bâtiment primitif dont les plombs furent démontés et mis en réserve, ainsi que le carillon. Robert de Cotte donna les plans de la nouvelle pompe qui entraîna de fortes dépenses, car on relève, de 1712 à 1715, dans les *Comptes des bâtiments*, plus de 91.175 livres de travaux de charpenterie, 10.176 livres de travaux pour la maçonnerie, 20.458 livres pour les couvertures, 12.143 livres pour la serrurerie, etc. La machinerie fut mise

---

(1) Arch. Nat., O¹ 1597-1 : Mémoire des travaux faits à la Samaritaine, en 1717, pour M. de La Vallée, en particulier par Fleury, sculpteur.

(2) Payée 117 livres, en 1715, à Sartou, tailleur d'habits.

(3) T. III, 90ᵉ lettre.

en état d'élever des eaux à 72 pieds au-dessus du plus bas étiage. C'est à ce moment qu'on supprima le « réservoir du quai », c'est-à-dire celui du cloître Saint-Germain-l'Auxerrois, et qu'on dirigea l'eau provenant de la Samaritaine sur le château d'eau du Palais-Royal, qui fut achevé par R. de Cotte en 1719 [1]. Quant à la réfection du groupe en plomb de la façade, on sait que le sculpteur Philippe Bertrand travailla à la figure du Christ et son confrère Frémin à celle de la Samaritaine : ces ouvrages de restauration leur furent payés 15.685 livres et les occupèrent en 1714 et 1715 [2]. Lory refit l'horloge et le carillon pour la somme de 1.200 livres.

« Ce petit édifice », écrit Piganiol de la Force, « est rétabli avec plus d'art et de goût qu'il n'était auparavant. Il est composé de trois étages, dont le second est au niveau du pont. Les faces des côtés sont percées de cinq fenêtres à chaque étage, et de deux sur le devant. Ces deux dernières sont séparées par un avant-corps en bossage rustique, vermiculé, et cintré au-dessus du cadran que l'on a placé dans un renfoncement, dont le bas est rempli par un groupe qui représente Jésus-Christ avec la Samaritaine au puits de Jacob, figuré par un bassin dans lequel tombe une nappe d'eau qui sort d'une coquille qui est au-dessus. » Pour une fois, le tout marchait si bien, en particulier la fontaine, qu'un rimailleur d'occasion écrivait ce couplet peu respectueux :

Arrêtez-vous ici, passants.
Regardez attentivement.
Vous verrez la Samaritaine
Assise au bord d'une fontaine.
Vous n'en savez pas la raison ?
C'est pour laver son cotillon.

(1) Arch. Nat., O¹ 1597-10.
(2) St. Lami, *Dict. des sculpteurs français, sous Louis XIV*, p. 43 et 194; *au XVIII* siècle, t. I., p. 393.

Le séjour de la Samaritaine ainsi remise en état devait être des plus agréables et assez profitable pour M. de La Vallée, à en juger par le détail d'un état des lieux qu'il louait en octobre 1730 à M. Le Maignen. A l'étage inférieur qui ouvrait de plain-pied sur le Pont-Neuf par une petite porte à barreaux, à côté de la cuisine, de l'office et de la chambre de la cuisinière, on trouvait une salle à manger que décorait un portrait « original » de Louis XIV par Mignard et une chambre à coucher, ornée d'une copie d'après le Guide, « l'enlèvement de Déjanire » ; en haut, trois chambres à coucher, deux cabinets « boisés », une grande chambre et, tout en haut, au deuxième étage, encore une autre chambre dite de M. de Guise, dont elle contenait le portrait, constituaient un logement très spacieux : le tout abondamment décoré de dessus de portes et de trumeaux peints, paysages de Chavannes et figures de genre de Grimoux ou de Santerre [1].

Si la correspondance de La Vallée ne fournit presque aucune donnée intéressante sur les travaux de Robert de Cotte, de 1712 à 1719, non plus que sur ceux de 1747 [2], elle offre par contre l'avantage d'être farcie de renseignements curieux pour la « petite histoire » du Pont-Neuf. Il se lamente sur les décombres laissés depuis trois ans par des ouvriers, autour de la statue royale; il s'ingénie à faire aménager de petits parterres de gazon sur les côtés et en arrière du monument; à la suite d'un vol de plomberie survenu en 1762, il obtient qu'une sentinelle soit placée devant la Samaritaine, la nuit; il réclame contre la défense faite à des petites boutiques de s'installer devant la grille de Henri IV, en gémissant qu'il jouit depuis quarante-cinq ans de ce petit bénéfice [3]. Mais surtout, il est constamment occupé de l'horloge ou du carillon qui ne marchent jamais! C'est Tuilier, « horlogeur »,

(1) Arch. Nat., O¹ 1597-1.

(2) *Ibid.*, 1 ; on trouve seulement alors de lui une protestation contre la nécessité d'évacuer temporairement certaines pièces de la Samaritaine : il y soutenait que ses prédécesseurs occupaient jadis un logement au Vieux Louvre.

(3) Arch. Nat., O¹ 1597-1, 2, 5 et 6.

qui répare l'horloge en 1748 et 1749; c'est Richard père, facteur d'orgues, qui arrange le carillon en 1752, au prix de 6.487 livres 8 sols [1]. Pour une fois qu'il marchait bien, La Vallée en note les airs et les envoie à la Direction en 1753, mais de nouvelles réparations furent nécessaires en octobre 1760. Cet instrument si populaire reçut ensuite les soins de Stolwerck puis de Richard fils qui, en janvier 1775, faisait remarquer que ses prédécesseurs et lui, au tarif de 150 livres par an, s'occupaient de son entretien à perte pour eux. La plainte était certainement justifiée, puisque Lepaute lui-même, l'horloger ordinaire des Bâtiments du Roi et de la Ville, constatait la défectuosité de l'appareil et proposait de le supprimer; mais il s'offrait en même temps à modifier l'horloge existante, à lui donner plus de précision, à l'améliorer en lui faisant sonner les quarts, tout cela gratis [2].

Un péril bien plus grand avait menacé la vieille horloge de la Samaritaine en 1777, lorsque le comte d'Angiviller, directeur des Bâtiments du Roi, eut la pensée de lui substituer l'action directe du soleil. Il avait formé le projet d'établir, sur la terrasse de l'édifice, un canon qui, « par le moyen d'un verre ardent dirigé par un conduit dont un bout répondra à la lumière du canon et l'autre précisément à l'endroit où le soleil se trouve au milieu de sa course, prendra feu les jours où le temps sera serein, et, par son explosion, annoncera à tout Paris l'heure de midi » [3]. Il ne fut donné aucune suite à cette idée, du moins en ce qui concerne la Samaritaine, car le duc d'Orléans, puis Buffon, s'en emparèrent, on le sait, et la réalisèrent sous des formes différentes, l'un au Palais-Royal, l'autre au Jardin des Plantes.

Le 22 mars 1752, Louis XV avait accordé à Claude-Marie Perrier, ancien premier commis de la Direction des Bâtiments

---

(1) Arch. Nat., O¹ 1597, 2 et 5.
(2) Arch. Nat., O¹ 1597-9.
(3) Métra, *Correspondance secrète* (15 avril 1777), t. IV, p. 322.

Modèle réduit de la Samaritaine (Epoque de Louis XVI).

(Musée Carnavalet.)

royaux, la survivance du poste de La Vallée [1] : ce dernier la
fit attendre jusqu'en mars 1766 à son successeur qui eut la
plume infiniment moins prolixe que lui. L'un des premiers
soins de Perrier fut d'adresser, le 9 juin 1768, un rapport sur
le mauvais état du bâtiment de la Samaritaine et des machines; on ne l'ignorait pas à la Direction qui, à plusieurs
reprises (en 1752, entre autres), avait manifesté des velléités
de réparation que le manque d'argent faisait toujours ajourner.
Soufflot était alors chargé de faire la visite annuelle réglemen-
taire et avait déjà proposé d'établir la Samaritaine plus solidement sur deux piles de pierres.

Il fallut que, le 24 août 1769, le bruit de la chute de la
Samaritaine courût à Compiègne, où se trouvait la Cour :
les gens renseignés précisaient que sept personnes avaient été
écrasées, dans l'accident! Il n'en était heureusement rien, mais
le marquis de Marigny s'empressa, le jour même, d'ordonner à
Soufflot de s'entendre avec J.-A. Gabriel pour remettre complètement en état cette inquiétante construction au sujet de
laquelle ses bureaux ne semblaient pas avoir la conscience
fort tranquille; la mention de l'illustre architecte de l'Ecole
Militaire s'explique par le fait que, faute de crédits réguliers,
et pour hâter les travaux, on fut obligé de prélever un fond
de 25 à 30.000 livres sur le budget du Garde-Meuble alors
en construction. Quatre jours plus tard, les deux architectes
procédaient à une visite détaillée du bâtiment; ils constataient
des tassements importants, dûs en partie à des travaux d'aménagement intérieur mal combinés, et, sur le pont, un dévers
de la façade provoqué par le poids de la lourde décoration qui
la chargeait; il fallait aussi refaire la roue; ils conclurent,
pour parer au plus pressé, à la nécessité d'étayer les grands
pilotis et la maison, moyennant une première dépense de 4.000
à 5.000 livres [2].

(1) En décembre 1767, ses enfants, Pierre-Louis Duvernay de la Vallée et
veuve Billaudel, adressaient une demande de pension. (Arch., Nat., O¹ 1597-7).

(2) Arch. Nat., O¹ 1597-3, 4 et 7.

La Samaritaine se trouva ainsi sauvée d'une ruine prochaine. Elle était si vieille, sur ce vieux pont, qu'on avait attendu au dernier moment pour lui donner une nouvelle jeunesse : dans ces bureaux de la Direction des Bâtiments qui s'occupaient pourtant d'elle depuis plus d'un siècle déjà, à la même époque une note de service ne demandait-elle pas si elle existait en 1680? Il est probable que les travaux les plus urgents furent exécutés de suite, car le projet définitif ne fut présenté que le 10 avril 1771, au « travail » du Roi qui l'approuva [1]. Le 17 mai suivant, Marigny allouait 16.000 livres à Soufflot pour ces réparations et le 29 mai, il répondait au rapport très détaillé de son architecte par des ordres précis.

Soufflot avait proposé [2] d'abord de décharger la Samaritaine de « l'énorme quantité de plomb qui l'écrase » ; le mal venait des sculptures de la façade qui l'embarrassaient fort, car, écrivait-il, « il me répugnerait de supprimer définitivement les deux figures placées à côté du bassin par lequel les eaux se dégorgent; elles forment une décoration qu'il est bon de conserver ainsi que l'horloge, plus essentielle encore au service public; quant au carillon qui a existé jusqu'à présent, comme il ne tient qu'à un agrément et à une décoration au fond assez inutiles, s'il faut pour le conserver former des constructions trop dispendieuses, il vaut beaucoup mieux le supprimer. » Marigny ne fut pas de cet avis, car il écrivit en marge : « Je veux que le carillon reste. Le public y est accoutumé et le redemanderoit. » Soufflot insista cependant sur son point de vue : « Je ne crois pas », écrivait-il le 25 août suivant, « pouvoir mettre (la Samaritaine) en état de supporter les milliers de plomb que j'en ai fait enlever, qui consistent dans les figures, le puits, les cartouches, vases et revêtement du campanile et dans le carillon et le timbre : je crois bien qu'il ne faille se borner à refaire la façade toute simple avec un cadran,

(1) Arch. Nat., O¹ 1597-7.
(2) Arch. Nat., O¹ 1597-4.

comme celle de derrière » [1]. Mais il se rangea, finalement, l'avis de Marigny.

Une fois l'accord établi sur ces points, les travaux commencèrent peu après le mois d'aout 1771 ; ils semblent avoir duré jusqu'à la fin de 1773. En juin de cette année-là, Marigny autorisait en effet l'architecte Brébion à faire dorer les figures, de préférence à les faire bronzer, la dorure, disait-il, étant « incomparablement plus durable ». Guillaume Coustou (II) le fils travailla à la réparation de ces sculptures [2] qui furent rétablies dans leur ancien état. Une assez grave question occupa alors à leur propos l'attention de la Direction, à qui un certain Phelipaux, avocat au Parlement, proposait pour la nouvelle Samaritaine une longue inscription en vers latins qui aurait été la suite de celle composée pour la pompe Notre-Dame ; après avoir longuement examiné et critiqué la latinité de l'inscription projetée, on se décida finalement à reproduire tout simplement l'ancienne : « FONS HORTORUM PUTEUS AQUARUM VIVENTIUM » [3]. Desprez fut chargé de remettre en place le carillon, dont l'entretien restait confié, moyennant 150 livres par an, à Richard fils qui, en janvier 1775 [4] faisait remarquer l'insuffisance de cette allocation et sollicitait un logement dans la Samaritaine, en alléguant que le gouverneur Perrier n'y logeait pas [5].

Après cette période de gros travaux, la Samaritaine ne fait plus guère parler d'elle. L'académicien Rulhière en avait alors obtenu la survivance, grâce à l'appui de M. de Breteuil

---

(1) Arch. Nat., O¹ 1693-2.

(2) Arch. Nat., O¹ 1597-9.

(3) C'est le modèle en relief de la Samaritaine ainsi restaurée que conserve le Musée Carnavalet. Plusieurs autres modèles de la Samaritaine avaient déjà été faits antérieurement : en 1669, par Gosselin, un armurier ; en 1670, par Le Maire, un fondeur ; en 1686, par le concierge de l'Observatoire (*Comptes des bâtiments du Roi*, pass.)

(4) Arch. Nat., O¹ 1597-2.

(5) Sur la demande de Perrier, on y posait, en 1772, des cheminées, dont le marbre était emprunté aux débris de l'ancien escalier des Ambassadeurs du château de Versailles. On accédait du pont à la Samaritaine par un petit pont qui en 1775 ouvrait à travers le parapet, après la première demi-lune en venant du quai de l'Ecole.

qui l'y avait fait nommer en 1745; mais le titulaire officiel était Cuvillier, le premier commis de la Direction des Bâtiments. Une violente crue de la Seine, à la fin du rude hiver de 1783, menaça d'emporter l'édifice où des accidents de machine se produisirent encore en octobre 1779 puis en mars 1785; ce qui engagea, en juin 1780, un certain M. Doinet, qu'appuyait l'abbé Bossut, de l'Académie des Sciences, à proposer une fois de plus la réfection totale de la machinerie et même le remplacement du bâtiment. L'abbé Bossut, qui visita la Samaritaine le 21 novembre suivant, fit un rapport concluant à la remise en équilibre de « l'équipage » Ouest de la machine, en mauvais état, et à la réfection de la roue[1]. Plus modestement, un M. Cordelle soumettait en mars 1782 le projet d'établir sur deux bateaux une machine qui faciliterait à la vieille pompe l'élévation de l'eau de la Seine[2].

D'autres dangers menaçaient, dans l'ordre politique, et la Samaritaine fut bientôt le témoin des premiers incidents de la Révolution qui eurent le Pont-Neuf pour théâtre. Comme il arriva à tant d'autres choses, la Samaritaine changea de propriétaire : le 26 août 1791, Louis XVI en faisait abandon à la Municipalité qui semble avoir plutôt été embarrassée de ce cadeau onéreux, car elle demanda au roi de conclure un arrangement avec elle et de faire connaître ce qu'il désirait retenir comme fourniture d'eau et offrir en paiement[3].

La Révolution « égalisa » la belle façade de la Samaritaine et en fit disparaître à la fin de 1793[4] les ornements « séditieux ». Elle n'y laissa subsister que la vasque dorée du puits de Jacob et l'horloge et, tout en haut, le carillon; en-dessous, on inscrivit en lettres majuscules : « *Indivisibilité de*

(1) Arch. Nat., O¹ 1693-7.
(2) Arch. Nat., O¹ 1597-9.
(3) Arch. Nat., O¹ 1597-9.
(4) *Procès-verbaux de la Commission des monuments*, séance du 23 novembre 1793 : rapport de Jean-Michel Moreau, le jeune.

la République ». La Samaritaine est ainsi figurée sur une très rare estampe gravée vraisemblablement entre 1800 et 1802 : au-dessus du rez-de-chaussée, régnait alors un assez large auvent, sur toute la longueur de la façade [1].

Le bâtiment lui-même était alors en si mauvais état que, dans sa séance du 21 thermidor an II (8 août 1794), le département demanda sa démolition à la Commission des travaux publics, « considérant que l'édifice national de la Samaritaine est dans un tel état de délabrement qu'il est à craindre que d'un instant à l'autre, sa chute ne cause des accidents aussi fâcheux qu'irréparables » [2]. La perspective de sa disparition n'allait pas d'ailleurs sans susciter quelques regrets et, naturellement, des idées de remplacement. Vers la même époque, un député, P. Giraud, se faisait l'interprète des uns et des autres dans le projet qu'il présenta au Département de Paris et à la Municipalité; il proposait entre autres, la construction d'un « château d'eau et d'une machine hydraulique propre à remplacer les pompes de Notre-Dame et de la Samaritaine [3] ». Dans la fièvre révolutionnaire, il n'est pas surprenant qu'on n'ait pas donné suite aux plans de Giraud. Il ne semble pas non plus que la Samaritaine ait obtenu alors les élémentaires réparations que l'ingénieur hydraulique Bralle réclamait dans un rapport du 13 prairial an III (1er juin 1795) [4] : la conduite principale était en mauvais état, un seul des quatre corps de pompe fonctionnait, mais marchait mal, et la remise en état était compliquée du fait de la cherté de la main-d'œuvre et de sa rareté.

Durant cette période malheureuse de son existence la Samaritaine trouva cependant un défenseur inattendu en la personne de son carillonneur. Le carillon ne marchait plus depuis 1790 et sa sonnerie aux clairs refrains ne se faisait

(1) Cette estampe provient des collections Bonnardot et Destailleurs (Musée Carnavalet, Top. Paris, gr. cart. I *ter*).

(2) Arch. de la Seine. C^{on} Lazare.

(3) M. Tourneux, *Bibl. de l'Hist. de Paris pendant la Révolution*, n° 11.919.

(4) Arch. Nat., C^{II} 354, dossier 1847, pièce n° 62.

plus entendre dans son léger campanile qui s'effrondrait de délabrement. Mais lorsque l'on frappa toutes les cloches de proscription, celles de la Samaritaine furent menacées, comme les autres, d'être envoyées à l'Arsenal ou à la Monnaie pour être fondues; c'eût été d'un si faible profit qu'on n'en prit pas la peine. De cette alerte, il ne subsiste qu'une très rare petite brochure éditée à ce moment sous le titre de *« Harangue prononcée à la barre de l'Assemblée nationale par le carillonneur de la Samaritaine député des habitants des tours et clochers du royaume. »* L'auteur, en supposant une démarche du sonneur qui n'eut jamais lieu en réalité, y témoigne seulement de l'attachement des Parisiens à leur vieux carillon[1].

En 1792, Cuvillier, le gouverneur, avait naturellement vu supprimer son poste par la Ville qui jugea plus économique de le remplacer par un simple employé chargé de la pompe. L'édifice lui-même, si branlant et si vétuste qu'il fût, parut encore suffisant pour abriter le corps de garde qui assurait la sécurité et la police du pont. C'est ce corps de garde qui sauva la vieille pompe pour quelques années; comme il occupait seulement le rez-de-chaussée, le premier étage, qui restait vacant, fut donné gratuitement comme logement à un artiste qu'on n'avait pu abriter dans l'un de ces immenses caravansérails artistiques qu'étaient devenus le Palais-Royal, la Sorbonne ou le Palais Mazarin. On sait que plusieurs artistes occupèrent à ce titre ce logement pittoresque si bien fait pour leur plaire; le dernier occupant en fut le peintre de marine Louis-Philippe Crépin qui y demeura à partir de 1803.

Le premier Empire rétablit le carillon de la Samaritaine en 1801; le 2 décembre 1804, le jour du Sacre, lorsque Napoléon passa sur le Pont-Neuf en se rendant à Notre-Dame, les clochettes sonnèrent comme aux grandes occasions d'autrefois, mais c'était sur l'air de *ça ira!* que Pauchet, son carillonneur, salua le nouveau maître de la France. Pendant onze années encore, les cloches carillonnèrent à chacune des

(1) Ed. Fournier, *op. cit.*, p. 486-487 et 591-598.

Hubert Robert. — Les bains Vigier du Pont-Neuf.
(App. à M. M. Wildenstein.)

victoires impériales et le jour où elles se turent en 1813, elles avaient vraiment sonné les beaux jours de l'empire. Lorsque cette année là, la Samaritaine fut démolie, on sauva pourtant son carillon qui fut d'abord remonté en partie à Saint-Eustache; on y utilisa les six cloches les plus importantes mais, en 1838, toutes furent livrées au fondeur pour la confection des grosses cloches de l'église Saint-Roch.

Ainsi finit la Samaritaine, le carillon disparaissant lui-même un quart de siècle après les bâtiments de l'ancienne pompe. Le peu de l'âme du « château » de Lintlaër qui, à travers cet avatar, subsistait encore dans le clocher de Saint-Eustache, ce peu-là s'évanouit alors à jamais dans une rougeoyante coulée de bronze. Mais pourquoi ne pas supposer que, par les nuits calmes, dans le grêle tremblement d'une cloche de Saint-Roch, quelque chose de la vieille Samaritaine survit toujours et va rejoindre *son* Pont-Neuf, au-dessus de Paris endormi, comme jadis, au bon temps où la voix de l'une chantait pour les pierres de l'autre?...

LES BOUTIQUES

A côté de tous les petits métiers ambulants qui, dès l'origine, vinrent chercher leur vie sur le Pont-Neuf, il y eut aussi, de bonne heure, des marchands qui s'y installèrent en permanence. Leurs petites boutiques étaient constituées par des échoppes démontables dont la concession sur le pont et sur ses descentes fut accordée par Louis XIII, par brevet du 31 janvier 1640, au bénéfice des grands valets de pied du roi; des lettres patentes des 31 janvier 1640, 26 septembre 1654, 8 décembre 1658, 30 mai 1659, 28 février 1672 étendirent cette concession aux enfants et héritiers des valets de pied du roi[1]. Deux ordonnances du Bureau des Finances

---

(1) Arch. Nat., Q¹* 1099-1. Un certain nombre de brevets de concession ou de survivance relatifs à ces boutiques sont mentionnés dans le ms. Godefroy 551 de la Bibliothèque de l'Institut.

confirmèrent d'autre part les lettres, le 5 juin 1669 et le 19 novembre 1693[1]. On avait permission de monter ces échoppes le long du parapet seulement et il était interdit de les dresser par devant la grille de la statue de Henri IV, ni sur les côtés. C'est sous cet aspect que les estampes et les tableaux contemporains[2] nous montrent ces petites boutiques du Pont-Neuf, faites de simples tréteaux et de piquets et enveloppées de toiles qui leur donnaient une apparence d'uniformité pendant le jour, car elles étaient démontées chaque soir[3].

Durant le XVIIᵉ siècle, l'histoire de ces petites boutiques est faite surtout des incessants démêlés que leurs propriétaires avaient à chaque instant avec la police; leur apparence extérieure ne changeait pas, le nombre seul augmentait peu à peu, et c'était une longue file d'étalages bruyants et racoleurs que le passant longeait, sur les hauts trottoirs du Pont-Neuf, entre les deux rives de la Seine.

Malheureusement, les tenanciers de ces boutiques — qui n'étaient pas en général les titulaires — éprouvèrent invinciblement le besoin d'occuper les places libres qui n'avaient fait l'objet d'aucune concession : comme par enchantement, il poussait ici ou là une échoppe nouvelle qui, malgré les exempts, renaissait après sa suppression. On en vit peu à peu le long des descentes et, surtout, à cet endroit tentant entre tous, où affluaient les badauds, où se concentrait la vie du pont tout entier, devant la statue de Henri IV. C'est ce qui causa leur perte.

En 1755, en effet, une sentence du Bureau des Finances, en date du 6 juin, perturbait profondément le gouverneur, M. de La Vallée, en ordonnant la disparition des boutiques placées devant la grille de Henri IV ainsi que celles des deux

(1) Arch. Nat., O¹ 1597-5.

(2) V. en particulier le tableau du Musée de Versailles (n° 780), reproduit pl. 2, et la curieuse estampe de Nicolas Guérard « *L'Embarras de Paris* » où les femmes sont coiffées de fontanges ce qui permet de la dater de 1690 à 1710 environ.

(3) Une ordonnance de police du 9 avril 1740 interdit aux marchands étalant sur le Pont-Neuf de laisser leurs boutiques tendues pendant la nuit. (Arch. Nat., Y 9499).

boutiques qui se trouvaient sur les marches. Sautant sur sa plume, La Vallée signala immédiatement le fait au Directeur des Bâtiments, lui affirmant que c'était son affaire et non celle des Trésoriers et se plaignant de se voir retirer un bénéfice dont il jouissait depuis quarante-cinq ans[1]. Sur un plan du terre-plein dressé par La Vallée, les boutiques ne figuraient qu'entre la grille d'entourage de la statue et les côtés du terre-plein ; il n'y a cependant aucun doute qu'elles n'hésitaient pas à s'établir devant la grille, au moins dans la journée. Ce devait être, comme sur le pont même, de petites échoppes volantes qu'on abattait le soir et dont les tenanciers serraient leurs affaires dans des coffres fixés aux parapets[2].

On consulta les Archives pour savoir sur quels textes s'appuyaient les Trésoriers de France pour exiger le départ de ces boutiques, et il fallut bien reconnaître que les lettres de 1659 et les ordonnances de 1669 et 1693 leur donnaient le droit de supprimer celles qui s'étaient installées devant la grille de la statue de Henri IV. C'est vers la même date qu'on supprima aussi toutes les autres boutiques mais le plus curieux est que, vers 1769, on ne pouvait déjà plus parvenir à retrouver en vertu de quel texte ces autres boutiques du Pont-Neuf avaient été supprimées « depuis 1755 » ! Or c'était bel et bien un arrêt du Conseil d'Etat, daté de Versailles, le 3 avril 1756, qui avait interdit, à partir du 15 juillet suivant, tout commerce sur le Pont-Neuf ; la Ville de Paris était tenue de servir aux concessionnaires dépouillés des rentes viagères proportionnelles au préjudice subi[3].

Le Pont-Neuf sans boutiques ! C'était une telle perturbation, un tel bouleversement qu'une décision aussi radicale

(1) Arch. Nat., O¹ 1597-5.
(2) Voir les détails dans O¹ 1693-2 *(ibid.)*.
(3) Bibl. Nat. ms. franç. 22.968 : n° 17 (C^on Anisson). Poncet de la Grave, dans son *Projet des embellissements de Paris* (1756), p. 123-127, réclamait leur suppression totale au nom de la propreté et de l'esthétique : *« qu'il ferait bon voir ce pont dégagé de tous les haillons dont ces échoppes fourmillent ! ! ! ; une vieille savate ni une vieille culotte suspendue à un mauvais vieu ne donneront plus dans le nez des passans !... »*

ne pouvait subsister longtemps!... Le 1ᵉʳ mai 1767, un sieur
Cauvin présentait au roi, qui le rejeta verbalement, le projet
de construire des pavillons dans les demi-lunes du pont [1].
Cette idée était reprise, deux ans plus tard, par la Direction
des Bâtiments qui proposa au roi d'y faire construire de
petites boutiques d'un modèle uniforme, en appuyant ce
projet de deux arguments : on éviterait ainsi la malpropreté
de ces enfoncements et il serait possible d'en tirer quelque
bénéfice au profit de l'Académie Royale de Peinture qui
manquait d'argent, le Trésor lui devant à cette date quatre
années de subventions. Louis XV donna son approbation
le 26 février 1769 [2].

Ce projet échoua cependant, pour de petites raisons : la
Ville protesta contre la construction de boutiques perma-
nentes et Bignon, le prévôt des marchands, alla jusqu'à
soutenir qu'il était contradictoire d'élever ces bâtiments,
alors qu'on démolissait les maisons existant sur les ponts.
Devant cette opposition d'assez mauvaise foi, la Direction
des Bâtiments n'insista pas mais reprit le projet six ans plus
tard [3]. En attendant, l'Académie reçut en compensation le
privilège de location des échoppes du Louvre.

En 1775, l'esprit ingénieux de d'Angiviller trouva une
solution qui fut adoptée : bien que des entrepreneurs se
fussent offerts à l'Académie pour édifier les futures boutiques du Pont-Neuf, il préféra en charger les Bâtiments
eux-mêmes [4]. Ce qui fut fait, et, le 9 août 1775, d'Angiviller
approuvait définitivement le plan et le modèle de boutiques
demi-rondes que lui soumettait Soufflot [5]. De face, sur le

(1) Arch. Nat., O¹ 1693-2.

(2) *Ibid*. Le même dossier contient une lettre de Cochin, en date du 12 août 1769,
sollicitant avec force, la concession des boutiques pour l'Académie. Pour l'histoire de leur
construction et de ce privilège, v. *Correspondance de M. de Marigny* publiée par M. Furcy-
Raynaud dans les *Arch. de l'Art français* (1904), p. 171, 184, 263.

(3) Arch. Nat., O¹ 1693-3.

(4) *Correspondance de M. d'Angiviller avec Pierre*, publ. par M. Furcy-Raynaud, dans
les *Arch. de l'Art français* (1906), t. I, p. 33, 65.

(5) Arch. Nat., O¹ 1693-3.

pont, les vingt boutiques offraient deux fenêtres encadrant une porte, et, sur la rivière même, elles s'éclairaient par une autre fenêtre. A peine étaient-elles construites qu'elles soulevaient des difficultés au sujet de leur location ; c'est ainsi que la communauté des fourbisseurs fit demander, par l'intermédiaire du lieutenant de police, qu'aucune d'elles ne fut louée à des artisans de cette catégorie [1]. M. Barthélemy de la Salle protestait non moins vigoureusement contre leur élévation, mais pour d'autres raisons, en alléguant qu'un projet semblable de vingt boutiques avait été présenté par lui au roi et approuvé en 1766, mais que la Direction des Bâtiments s'étant refusée à lui délivrer l'expédition du privilège, c'était son propre projet qui se réalisait, sans aucun bénéfice pour lui [2].

Exception faite de ces quelques récriminations, le succès des nouvelles boutiques fut très grand. Leur forme plut autant que leur symétrie, et Mercier n'attendit pas qu'elles fussent élevées pour écrire : « *On va construire des boutiques... Elles seront peuplées de jolies marchandes de modes et cet ornement n'est pas fait pour déplaire à l'ombre du héros qui fut sensible toute sa vie aux charmes de la beauté.* » A défaut de détails sur l'agrément des minois auxquels l'Académie loua ces boutiques, on sait que ce ne fut pas une affaire aussi rémunératrice qu'on l'avait espéré pour elle. Ces vingt boutiques, qui devaient se louer 600 livres, trouvèrent preneurs tout juste à 500 et ce n'est pas tous les ans qu'elles rapportèrent leurs 10.000 livres à l'impécunieuse Académie royale [3]. Leurs tenanciers avaient en effet à se défendre contre la concurrence des marchands

(1) Arch. Nat., O¹ 1693-4, et *Correspondance de M. d'Angiviller avec Pierre*, t. I, p. 78.

(2) Les auteurs de projets ne chômaient pas d'ailleurs : l'abbé Dodun ne présentait-il pas, en août 1776, un projet analogue ? Ce qui faisait écrire à d'Angiviller en marge du mémoire : « *Il est fou de présenter aujourd'hui un projet qu'on est en train d'exécuter* ». L'abbé Dodun avait imaginé entre autres, d'entourer la statue de Henri IV, sur les trois côtés du terre-plein, d'une rangée de boutiques. (Arch. Nat., O¹ 1693-4.)

(3) La Bibliothèque de l'Ecole des Beaux-Arts possède dans ses archives des baux pour deux de ces boutiques en 1776 et 1777 (n° 462) ; un autre document contient les loyers de ces boutiques du 1ᵉʳ juillet 1789 au 1ᵉʳ juillet 1792 (n° 25).

ambulants qui venaient vendre à côté des boutiques et obstruaient les trottoirs; en 1788, l'Académie, saisie de leurs plaintes, s'en fit même l'écho auprès de la Direction des Bâtiments dans une pétition que signèrent Pierre, Vien, Belle, Brenet, Durameau et Renou. La Direction l'appuya auprès du lieutenant de police, qui promit de faire retirer tous les vendeurs ambulants [1].

En 1790, l'administration municipale réclama les boutiques du Pont-Neuf [2] qui furent ensuite réunies aux Domaines et mises en vente le 8 nivôse an VI : une seule d'entre elles trouva acquéreur en la personne d'un sieur Pavy, au prix de 75.000 francs en assignats! Les dix-neuf autres furent concédées à l'Hôtel-Dieu et à l'Hôpital général de Paris [3], lors de la reconstitution du domaine des Hospices par la loi du 9 septembre 1807. Elles subsistèrent ainsi durant toute la première moitié du XIXe siècle et nombreux sont les graveurs de cette période qui dessinèrent sur le cuivre leurs silhouettes trapues et leurs murs lézardés.

En 1848, les boutiques de Soufflot étaient occupées par sept marchands d'habits, quatre bimbelotiers, deux graveurs, un marchand de jouets d'enfants, un marchand de tabac, un marchand de briquets, un marchand de fritures et un tenancier de cabinets d'aisance; cette année-là, les loyers produisaient un revenu de 29.643 francs, qui, deux ans plus tard, tombait à 14.215 francs [4]. C'est l'ingénieur en chef Baudesson qui, modifiant sur ce point le rapport de 1842 de Lagalisserie, en proposa la suppression; on régla les indemnités d'expropriation à 442.900 francs sur lesquels 360.000 francs revinrent aux hospices. Les constructions de Soufflot disparurent définitivement entre 1851 et 1854.

A côté de ces boutiques fixes, il s'en dressa aussi de passa-

(1) Arch. Nat., O¹ 1693-8 : lettres patentes des 4 octobre et 4 novembre 1788.

(2) *Corresp. de M. d'Angiviller avec Pierre*, t. II, p. 301.

(3) Un large auvent prolongeait les boutiques, vers 1802, du côté du pont. (Musée Carnavalet, Cab. des Estampes, Topogr. Paris, gr. carton I *ter*.)

(4) *Moniteur*, du 13 octobre 1851.

COCHIN. — Les boutiques du Pont-Neuf (1775).

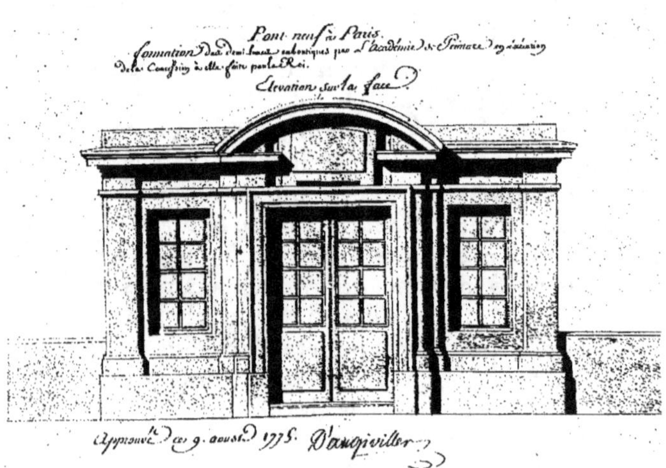

SOUFFLOT. — Projet des boutiques approuvé par M. d'Angiviller.
(*Archives Nationales.*)

gères, sur le terre-plein, autour de la statue de Henri IV. De petites échoppes se glissèrent, durant la Révolution, sur ce terrain vide où poussait l'herbe et l'on y voyait « une ruche d'échoppiers » à l'emplacement de la statue supprimée. A dater du 14 août 1807, où le Conseil d'Etat prononça la réunion du terre-plein au domaine de la Ville, la location de certaines de ces boutiques revint à celle-ci [1]. Une charmante lithographie de Marlet conserve le souvenir des marchands de jouets qui s'y installaient sous la Restauration, durant les fêtes du Jour de l'An : parfois, d'ailleurs, ces baraques provisoires dépassaient le délai d'usage et l'on devait procéder à leur enlèvement d'office, comme en octobre 1831.

La réfection du Pont-Neuf les fit toutes disparaître, les vieilles et les passagères, entre 1851 et 1854. S'il est incontestable que l'aspect et la tenue du monument gagnèrent à leur suppression, le jour de leur démolition marqua non moins inévitablement la fin de toute la vie pittoresque qui avait si longtemps fait du Pont-Neuf le centre le plus animé de tout Paris. Sans commerce, sans petits métiers, le Pont-Neuf a perdu son caractère le plus original et a commencé à devenir un pont comme tous les autres.

LE CORPS DE GARDE

Durant le XVIIe siècle et une partie du XVIIIe, les soldats du guet furent seuls chargés d'exercer la police et la surveillance du Pont-Neuf, au cours de leurs rondes nocturnes, car il ne semble pas qu'il y ait eu alors un poste fixe installé sur le pont [2].

C'est sous le règne de Louis XV seulement, vers 1750, qu'on y établit un corps de garde : il consistait en une simple

[1] Archives de la Seine, Domaines 9, 15, 120, 1457.

[2] Un poste existait bien en 1594 sur le quai du Louvre mais il devait servir surtout à défendre les premiers abords du Louvre. Le 21 mars 1594, le jour de l'entrée de Henri IV à Paris, le marquis d'O fut obligé d'enlever ce poste qui lui résistait et, après avoir tué ses vingt-cinq défenseurs, fit jeter leurs corps dans la Seine.

échoppe mobile de planches, placée contre la grille de la statue de Henri IV au-dessous de l'un des trottoirs; on la baissait le jour pour la remonter chaque nuit. Lorsque, en 1765, le lieutenant de police Sartine insista auprès du marquis de Marigny, pour l'établissement définitif d'un corps de garde d'une quinzaine d'hommes sur le Pont-Neuf, il invoqua ce précédent, en réclamant le même emplacement et en assurant que le nouveau corps de garde ne masquerait en rien la statue [1]. La Direction des Bâtiments y consentit et c'est ainsi qu'une nouvelle annexe surgit sur le Pont-Neuf : ce ne devait pas être la dernière! Les archives administratives contiennent encore, — le croirait-on? — une partie de la correspondance qui, en décembre 1772, s'engagea sur la question de doter ce corps de garde d'un confort hygiénique qui lui faisait défaut : fort heureusement pour les occupants, on obtint le consentement du gouverneur de la Samaritaine, dont cet arrangement dépendait!.. [2]

Au début du règne de Louis XVI, les gardes de la Ville occupaient ce poste; ils faisaient diverses patrouilles sur le Pont-Neuf, concurremment avec des gardes françaises et des cavaliers du guet [3]. C'est ce corps de garde qui fut brûlé à deux reprises par les émeutiers, à la veille de la Révolution, le 27 septembre 1787 et le 29 août 1788 : après le premier de ces incendies, il avait été reconstruit sur des dimensions un peu plus grandes : 20 pieds sur 18, à la demande du maréchal de Biron [4]. Puis, après 1792, on utilisa, pour abriter le poste, le rez-de-chaussée de la vieille Samaritaine.

Avant la Révolution, il existait un autre corps de garde du côté du quai de l'Ecole, à l'angle même du pont : on le trouve mentionné sous le nom de « corps de garde de la Samaritaine », en 1742 [5]. Il fournissait spécialement une

(1) Arch. Nat., O¹ 1693-2 (16 novembre 1765).
(2) *Ibid.*, O¹ 1597-7 et O¹ 1693-2.
(3) *Ibid.*, O¹ 1693-4.
(4) *Ibid.*, O¹ 1693-8.
(5) Piganiol de la Force, *Description de Paris*, t. I, p. 328, plan.

sentinelle à l'abord du pont : et c'est peut-être lui qui inspira au tenancier d'un café voisin, dans la maison qui porte le n° 6 du quai du Louvre, l'idée d'arborer l'amusante enseigne « *Au Petit Suisse* », que conserve aujourd'hui le Musée Carnavalet.

Du jour où la Restauration releva sur le terre-plein la statue de Henri IV, il n'y avait plus de place pour un corps de garde; la police assurait d'ailleurs de manière suffisante la sécurité du pont. Durant de nombreuses années encore, jusqu'en 1840 tout au moins, on continua cependant de placer un factionnaire, l'arme au bras, devant la statue de Henri IV; mais l'on aime à imaginer qu'en ce temps de gloire de la garde nationale, ce dut être le plus souvent le Béarnais qui veilla, avec un sourire malin, sur le sommeil paisible d'un de ces braves bourgeois militarisés, tels que les dessina le crayon alerte de Henri Monnier...

LES MOULINS

Dès que les travaux de construction du Pont-Neuf furent assez avancés, des moulins flottants vinrent s'accrocher sous ses arches, à l'exemple de ceux qui s'étaient installés entre le Pont-Neuf et le Pont-aux-Meuniers [1]. Malgré la gêne qu'ils apportaient à la navigation, il est curieux de voir la Ville, dès 1589, accorder fréquemment la permission d'édifier de ces moulins sous le Pont-Neuf ou aux environs, après visite et certificat de Pierre Guillain, maître des œuvres, et de Guillaume Raince, maître des ponts; elle réclamait seulement une certaine redevance annuelle et imposait la charge d'observer les règlements relatifs à la navigation ainsi que l'obligation d'enlever et de faire disparaître lesdits moulins à la première réquisition du Bureau de la Ville et sans pouvoir prétendre à aucune compensation.

C'est ainsi que Jean Aucoc demanda et obtint, le

[1] V. *supra*, p. 109.

26 août 1589, une première autorisation pour un moulin fixe construit sur deux bâtardeaux sous la quatrième arche du grand bras, du côté du quai de l'Ecole ; il en établit ensuite un second du même modèle sous la cinquième arche, grâce à des lettres du 3 août 1590 ; pour chacun d'eux il payait une redevance annuelle d'un écu un tiers. Enfin Jean Picart avait un moulin mobile sur un double bateau qui était amarré, pendant les glaces et les grandes eaux, à la sixième et dernière arche du Pont-Neuf, du côté de la Cité : son autorisation, moyennant un écu d'or de redevance annuelle, datait du 13 août 1590 [1]. Il en était de même sur le petit bras où Jean Grossier avait obtenu, le 15 août 1589, la permission d'édifier un moulin à blé sur pilotis à l'endroit de la quatrième arche vers les Augustins et, provisoirement, un moulin sur bateaux en dessous de la quatrième arche du Pont Notre-Dame, moyennant un écu de redevance annuelle. En 1603, son moulin sur pilotis n'était pas construit, et il se fit décharger de cette obligation [2]. A cette même date du 3 août 1590, Jean Touchin ou Donchin reçut la permission de construire un autre moulin monté sur un ou deux bateaux qui, pendant les grandes eaux, avait le droit de stationner sous la deuxième arche du petit bras, du côté des Augustins.

Tous ces moulins apportaient une gêne assez sérieuse à la navigation et l'administration municipale fut, dès 1594, obligée d'intervenir à leur sujet, soit pour faire observer les règlements, soit même, parfois, pour faire enlever ceux qui, par accident, coulaient entre les piles du pont [3]. Malgré ces inconvénients, l'usage — ou la tolérance — des « bateaux-moulins » sous le Pont-Neuf subsista durant tout le XVIIIe siècle. C'est ainsi que, dans sa séance du 16 juin 1745, le Conseil du Commerce accordait un privilège exclusif

---

(1) Arch. Nat., Q¹ 1099²⁰¹, fol. 90, 115, 118 et 119 et *Reg. du Bureau*, t. X, p. 277, note 1.

(2) Arch. Nat., Q¹ 1099²⁰¹, fol. 98 et 343 v°.

(3) *Reg. du Bureau*, t. XI, p. 59 et 91.

A. Martial Potémont. — Les boutiques du Pont-Neuf, en 1845.

Charles Méryon. — Les bains Chevrier (1860)

demandé par les sieurs Tavernier de Boulogne et Marguerit, à l'effet de rétablir au Pont-Neuf une machine pour la remonte des bateaux [1]. Par contre sur l'avis défavorable de Soufflot, le marquis de Marigny refusait, le 11 avril 1773, au fermier de la pêche de la Ville au Pont-Notre-Dame, Étienne Fleury, l'autorisation de placer un moulin sous l'arche où se trouvait le laminoir qui avait été incendié [2]. C'était un moulin à usage de laminoir qui avait en effet fortement endommagé la voûte de la maîtresse arche du grand bras sous lequel il était placé, et l'on a déjà vu que, en 1778, le comte d'Angiviller commit quatre membres de l'Académie royale d'architecture pour examiner les dégâts causés par l'incendie [3].

La tradition de ces moulins persista même à travers la Révolution, car il y en avait encore au début du XIXe siècle, sous la troisième arche du grand bras, au Sud du quai de la Mégisserie [4], mais ils avaient complètement disparu avant la réfection du pont, en 1850. De ce jour seulement, la navigation ne rencontra plus d'obstacle, au passage des arches, et le Pont-Neuf eut enfin la liberté de se mirer à l'aise dans l'eau rapide ou lente du fleuve, sans qu'un gêneur de moulin vint jeter son image au travers de la sienne, immuable.

LES BAINS

De tous temps, au Moyen-Age et au XVIe siècle, on vit se baigner dans la Seine des amateurs de pleine eau, aussi bien dans la région où devait s'élever le Pont-Neuf que sur les berges de la Grenouillère ou de la porte Saint-Bernard.

Lorsque des règlements de police eurent, à partir de Louis XV surtout, réglementé les ébats nautiques des Parisiens, des établissements de bains fixes commencèrent à

---

[1] *Inv. du Conseil du Commerce*, p. 330.
[2] Arch. Nat., Q¹ 1597-9.
[3] V. *supra*, p. 117 et 118.
[4] Musée Carnavalet, Cabinet des Estampes- (Topogr. Paris, gr. carton I ter.)

dresser leurs sommaires enceintes de toiles auprès du Pont-Neuf, cherchant leur clientèle parmi les nombreux passants du pont. Sous le règne de Louis XV, avant 1760, des bains froids s'étaient ainsi installés en face le quai de l'Horloge, alors quai des Morfondus [1]. En 1782, la préoccupation d'offrir une organisation moins précaire à la foule variée qui y fréquentait, suscita, chez un sieur Blondeau, un projet bizarre, celui de construire sur les deux côtés du terre-plein, à droite et à gauche de la statue de Henri IV, des bains publics qui se seraient trouvés installés en contre-bas du niveau du pont [2]. La Direction des Bâtiments se hâta de repousser cette trop audacieuse proposition!

Peu de temps après, Henri IV voyait cependant s'amarrer tout près de lui des bains qui connurent une faveur rapide à laquelle le Pont-Neuf avait une part importante. Vers 1760, on autorisait en effet l'établissement en Seine de quatre bains flottants dont l'un était voisin du terre-plein du Pont-Neuf : tous les rapports administratifs ayant été concluants, des lettres patentes enregistrées le 13 mars 1761 accordèrent cette permission à l'auteur du projet, le sieur Poitevin, qui était propriétaire de bains analogues sur le quai d'Orsay. « Il fit bâtir des bateaux à deux étages, construits avec goût et élégance, ayant les formes et la figure d'une villa flottante; les galeries sont ornées de colonnes et de pilastres, avec de beaux plafonds; elles sont éclairées par des campaniles qui servent aussi de communication de l'une à l'autre. Au dehors, en avant, vers le milieu du bateau, l'entrée se compose d'une espèce de porche garni de caisses à fleurs et d'arbustes; on y descend du quai par un escalier à pente douce et à repos; un pont chinois joint la rive à l'établissement et, sur les bords qui regardent l'édifice, un parterre, des pelouses verdoyantes et de grands arbres, des saules, des peupliers, forment un jardin d'un effet ravissant. » C'était le troisième de

____

(1) Jèze, *Etat ou tableau de Paris*, p. 336.
(2) Arch. Nat., O¹ 1693-7.

ces bateaux, garni de 108 baignoires, qui stationnait contre le terre-plein du Pont-Neuf, les trois autres étant respectivement amarrés au quai d'Orsay, au Pont-Royal et au Pont-Marie [1].

D'après « la petite histoire », c'est un des garçons de bain de Poitevin, Vigier, qui lui aurait succédé [2]. « Vif, soigneux, entendu, il plut au maître et joli homme, entreprenant, il plut à la maîtresse qui était plus jeune que son mari. Poitevin mourut subitement, on en jasa beaucoup, on commença même un procès au criminel qui, faute de preuves, n'eut pas de suites. Mme Poitevin devint bientôt Mme Vigier, et le garçon fut maître et seigneur » [3].

Vigier avait un associé qu'il supportait mal, Machet de Vélye, l'architecte de Monsieur, qui avait construit les bains; il plaida contre lui et perdit, mais la Terreur le débarrassa de cet associé encombrant en l'envoyant à l'échafaud. Après de multiples procès engagés contre lui par les descendants de Machet de Vélye, Vigier dut enfin leur rembourser la part de l'ancien architecte, mais il avait assez arrondi sa fortune pour perdre là-dessus. Acheteur à bon compte de biens nationaux, Vigier augmenta le nombre de ses bains; en 1797, il en possédait six dont ceux du Pont-Neuf et du Pont-Royal étaient les plus beaux; il avait fait également construire une pompe flottante qui puisait l'eau, à l'usage des bains, jusqu'au milieu du fleuve. C'est probablement à cette époque que Vigier, au sommet de sa renommée, fit peindre par Hubert Robert deux panneaux en hauteur destinés à décorer sa maison du quai Voltaire; l'un d'eux représentait les bains du Pont-Royal, l'autre ceux du Pont-Neuf [4].

(1) P.-S. Girard, *Recherches sur les établissements de bains publics à Paris.*

(2) Pierre Vigier, né à Cassaniouze (Cantal), le 19 janvier 1760, mourut à Paris le 16 septembre 1817, laissant de Mlle Anne-Marguerite Félix un fils naturel, Achille-Pierre-Félix, dont il fit son légataire universel. Une réclame de 1785 donne cependant pour successeur à Poitevin un nommé Guignard qui, deux ans plus tard, se trouvait en procès avec un autre propriétaire de bains, Nicolas Albert. (V. M. Tourneux, *Bibl. de l'Hist. de Paris*, n° 12.019 et 12.020.)

(3) E. Fournier, *op. cit.*, p. 581-586.

(4) V. planche 30.

Les fameux bains, ces « *Palais du Repos et de la Santé* », comme on les appelait alors, furent plusieurs fois restaurés ou transformés. L'architecte Bellanger dirigea la reconstruction de l'établissement du Pont-Neuf qu'on inaugura à la fin de mai 1808 et le *Moniteur* lui-même, après avoir rendu hommage au « puissant génie qui gouverne la France », donnait à ses lecteurs toutes les précisions désirables au sujet de ces Thermes. Un escalier y donnait accès, du terre-plein du Pont-Neuf, aboutissant à un jardin « orné d'arbres, de gazon et de fleurs de cent espèces » ; puis, par un pont volant, on pénétrait dans la galerie des bains, longue de 48 mètres et large de 4 mètres, ornée de caisses de fleurs et d'arbustes. Le bateau mesurait lui-même 60 mètres de longueur. Dans l'entrée, deux colonnes cannelées, en brocatelle d'Espagne, supportaient un entablement indiquant, « en caractères de bronze, auquel des deux sexes est destinée chaque partie de la galerie. » Le *Moniteur* remerciait gravement Vigier d'avoir ainsi « enrichi la Ville d'un établissement monumental », selon l'expression même du préfet de police, « éloge bien flatteur dans la bouche d'un magistrat qui veut connaître avant de juger [1]. »

Pierre-Félix Vigier ajouta à la fortune qui lui venait de son père la satisfaction de prendre un titre et d'épouser d'abord Antoinette-Joséphine Davout, la fille du duc d'Auerstaedt, puis Louise Frère, la sœur du général de division. Sous la monarchie de Juillet, il devint même pair de France. Mais l'opinion ne fut pas sans se moquer de cette rapide ascension et, sans pitié pour l'origine du nouveau dignitaire, l'appela « *le chevalier du Bain, comte du Robinet et bâtard d'eau* ». Une des plaisanteries favorites des légitimistes, sous le règne de Louis-Philippe, consistait à présenter au bal des Tuileries, au lieu de la carte officielle, des cartons d'abonnement des bains Vigier [2]...

(1) *Moniteur*, du 21 mai 1808.
2 A. Callet, *La place Dauphine*, dans *la Cité* (1908-09), p. 42-48.

Le bâtiment des bains Vigier qui existe encore est celui qui était autrefois au Pont-Marie d'où on l'avait descendu au Pont-Neuf, puis remonté le long du quai de l'Hôtel-de-Ville ; il date de 1780, mais il fut restauré en 1808, et conserve encore d'amusants motifs de décoration datant de cette époque.

Pendant près d'un siècle et demi, les bains Vigier ont fait partie intégrante du Pont-Neuf dont ils étaient devenus une annexe inséparable. Tous les tableaux ou dessins, toutes les estampes du début du XIXe siècle qui montrent le terre-plein du Pont-Neuf placent en bonne posture cette construction flottante à laquelle on accédait alors, de l'angle Nord-Est du terre-plein, par le moyen d'un petit escalier ; près du parapet du pont, une haute lanterne se dressait dont les six pans vitrés portaient l'inscription : « Compagnie des quatre bains ».

Lorsque les bains Vigier disparurent du Pont-Neuf, ils y avaient déjà un remplaçant dans la personne, — si l'on ose dire —, d'un concurrent. Peu après 1830, un établissement analogue était venu s'installer contre le quai du Louvre, tout contre le Pont-Neuf ; sous le second Empire, en 1860, à peu près à la même époque où Méryon y gravait les Bains Chevrier, il se singularisait même déjà par cette étonnante cheminée en forme de palmier qui a intrigué tant de générations de jeunes parisiens ! Ces bains s'attachèrent, eux aussi, au Pont-Neuf, et ils en reçurent un nom qui, évoquant l'autre annexe disparue, les unissait davantage à lui : ils devinrent les « bains de la Samaritaine », et c'est sous cette dénomination que tous les parisiens les ont connus depuis une cinquantaine d'années. Pendant longtemps les habitués purent y voir accrochées le long des couloirs, une série de vues du quartier qu'un jour un homme passionné du vieux Paris, Jules Cousin, acheta pour le Musée Carnavalet en formation ; la somme — 10.000 francs ! — était modeste, car il y en avait près d'une vingtaine, peintes par les Raguenet vers 1750-1760, mais elle parut encore trop élevée à l'admi-

nistration et cette heureuse acquisition faillit mettre un terme
à la carrière de conservateur de Jules Cousin! Il est curieux
que ce soit aux bains de la Samaritaine que le Pont-Neuf
doive d'être aujourd'hui représenté à Carnavalet en une série
de toiles qui sont un document iconographique des plus curieux
pour son histoire.

Aujourd'hui, ce n'est plus que durant l'été que des bains
temporaires viennent s'amarrer le long du quai du Louvre;
ils renouvellent, sans le savoir, une vieille tradition, à l'endroit
exact où il y a cinq ans, une crue de la Seine faisait sombrer
les derniers bains flottants de la Samaritaine, comme un
holocauste, aux pieds mêmes du Pont-Neuf.

CHAPITRE IV

LE DÉCOR DU PONT-NEUF[1]

DE tous les monuments parisiens, le Pont-Neuf est probablement celui qui a suscité tout autour de soi le plus de travaux d'architecture divers, celui qui s'est entouré, à son avantage comme au bénéfice de la capitale même, du décor le plus magnifique et le plus complet qui puisse exister.

Certains de ces ouvrages environnants sont nés du grand projet de la commission de 1578, car ils étaient inséparables de la construction même du monument; tels sont ceux des quais, de la pointe de la Cité ou des débouchés du pont. D'autres ont été envisagés seulement par la suite et témoignent, par leur succession comme par leur importance, du succès et de la popularité croissante du

(1) Le sujet de ce chapitre nécessiterait une étude très détaillée dont l'importance dépasse les limites de ce travail : le lecteur en trouvera du moins ici une large esquisse.

Pont-Neuf : la place Dauphine en est le meilleur exemple.

Dès le commencement de ses travaux, la commission chargée de la construction envisagea des travaux d'aménagement à la pointe de la Cité et il est intéressant de noter que le projet présenté par Claude Marcel dans sa première réunion, le 10 novembre 1577 [1], prévoyait l'ouverture d'une voie depuis le futur terre-plein en direction du parvis Notre-Dame; cette rue était destinée à relier le pont au Marché-Neuf qui se tenait alors sur l'emplacement du boulevard du Palais actuel. Ce n'est qu'un peu plus tard, semble-t-il, qu'on eut l'idée de créer une place sur le terrain des deux îlots rattachés à la Cité; mais les deux opérations sont trop intimement liées pour qu'il soit possible de les séparer.

LA POINTE DE LA CITÉ :
LES QUAIS DES ORFÈVRES & DE L'HORLOGE
& LA PLACE DAUPHINE

Au cours du premier examen des lieux fait le 23 février 1578, quatre jours après l'acceptation du projet de pont par Henri III, la commission examina la question de la rue projetée en direction de Notre-Dame; en se transportant dans l'hôtel du trésorier de la Sainte-Chapelle, elle reconnut qu'on pouvait utiliser à cet effet l'extrémité du jardin de la Trésorerie [2]. Les experts nommés pour préciser les conditions de construction du Pont-Neuf envisagèrent aussi, dans leur rapport du 3 mars 1578, le percement de cette rue. Ils spécifiaient que, l'exhaussement des terres une fois fait « pour gagner la hauteur du pont », cette rue s'abaisserait en pente douce vers le pont Saint-Michel. Ils en précisèrent

---

(1) Beaucoup plus tôt par conséquent que ne le croit M. Henri Stein qui, dans son ouvrage sur le *Palais de Justice et la Sainte-Chapelle*, parle de 1581 (p. 52).

(2) R. de Lasteyrie, *op. cit.*, p. 24. L'hôtel du Trésorier et le jardin y attenant étaient situés dans la partie Sud du Palais, contre la Seine.

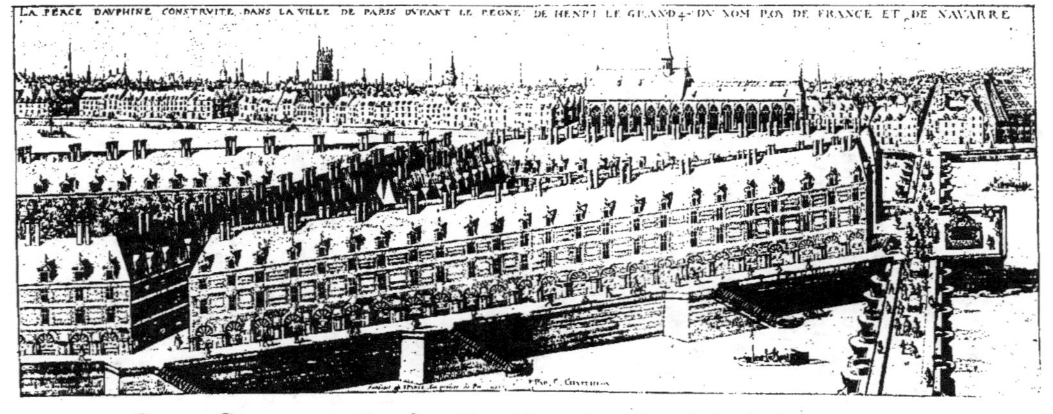

CLAUDE CHATILLON. — La place Dauphine et la pointe de la Cité, en 1640.

St. DELLA BELLA. — La perspective du Pont-Neuf (1646).

aussi le tracé qui devait, à l'ouest, passer entre les tourelles de la porte d'enceinte du Palais ouvrant vers la pointe de la Cité et une masure flanquant le « bâtiment neuf » de la Chambre des Comptes; de là, cette voie devait traverser les jardins des maisons des chanoines de la Sainte-Chapelle qui bordaient cette partie de la rive Sud de la Cité, puis elle devait rejoindre l'extrémité du pont Saint-Michel, à « l'endroit » de la rue du Marché-Neuf. La largeur de cette rue était prévue de cinq toises [1].

La voie ainsi projetée longeait la Seine ou, du moins, en passait à très peu de distance sur une notable partie du tracé. C'est là l'origine du quai des Orfèvres et l'on comprend alors pourquoi, dans ce rapport du 3 mars 1578, les experts indiquaient que la construction de cette voie ne devait en rien nuire au cours ordinaire du fleuve, par les redressements ou alignements à opérer [2]. Après modification du plan primitif, en 1579, lorsqu'il fut décidé de construire une cinquième arche sur le petit bras, on réduisit la largeur prévue pour le terre-plein de la quantité nécessaire; il est possible que l'on ait été amené en même temps à modifier le tracé du futur quai dont on parle toujours, dans les procès-verbaux des séances de la commission, en le désignant sous le terme de « rue ».

Au cours de la réunion tenue le 15 avril 1580, Claude Marcel rappelle que, « pour le bien public et sauvegarde du peuple l'on a advisé au Conseil de faire faire la rue au bout de l'isle du Palais à cette fin de rendre un passage plus libre et que, pour ce faire, il seroit de besoing de faire un allignement et devis particulier [3] ». Après un long sommeil de trois ans, l'affaire se trouvait ranimée et dès lors on peut en suivre assez facilement les progrès.

L'alignement réclamé par Marcel fut dressé vers le milieu de 1581 : dans la séance du 12 juin, la commission fixait enfin

(1) R. de Lasteyrie, *op. cit.*, p. 32-33.
(2) *Ibid.*, p. 32.
(3) Arch. Nat., Z¹F 1065, fol. 22 v°.

« les allignements des murs qu'il conviendroit faire pour...
séparer du reste des jardins la rue qu'il conviendra de
faire [1] ». Certains obstacles s'élevaient probablement encore
devant ce projet, puisque, le 19 juillet suivant, les commissaires décidaient d'examiner la question de cette voie sur
place, en s'adjoignant des experts, pour « adviser de la
commodité ou inconvénient de ce faire faire ». Mais, le 4 août
suivant [2], le percement de la rue projetée était définitivement
adopté et Jean Durantel, maître des œuvres de maçonnerie,
recevait l'ordre d'en faire l'alignement définitif le 28 du même
mois [3]. Cependant ce n'est que trois ans plus tard, en 1584,
que, par lettres du 11 juin, le roi donna aux commissaires toute
latitude de « prendre tels lieux et jardins et faire abattre telles
maisons que besoin sera, faire baux et adjudications d'icelles
à la charge par les acquéreurs de faire bâtir maisons uni-
formes suivant les plans et devis qui leur seront baillés [4] ».
Il est intéressant d'y relever le passage relatif à des maisons
construites sur un *modèle uniforme*, car on y trouve l'idée
fondamentale qui allait présider à l'édification de la place
Dauphine, plus de vingt ans après.

On commençait la construction du quai lui-même en
mai 1584 [5], mais il est probable qu'elle fut à peine entamée,
car les travaux subirent bientôt, là comme ailleurs, des ralen-
tissements et enfin une interruption complète. On prit peu à
peu l'habitude d'y jeter des gravois et des immondices au point
que le Bureau de la Ville dut interdire d'en faire un dépo-
toire [6]; c'est le 20 juin 1603 seulement, à la reprise des
travaux, qu'on reprit la construction définitive du mur du
quai, en partant de la dernière arche du petit bras; ce travail
fut adjugé à Guillaume Marchant et à François Petit, au

(1) Arch. Nat., Z¹F 1065, fol. 27 v°.
(2) *Ibid.*, fol. 40 r° et v°.
(3) *Ibid.*, fol. 42 r°.
(4) *Ibid.*, fol. 90 r°.
(5) *Ibid.*, fol. 83 r°.
(6) *Reg. du Bureau*, t. XII, p. 426.

prix de 60 livres la toise cube de maçonnerie [1]. Comme au
Pont-Neuf, des affouillements ne tardèrent pas à compro-
mettre la solidité des murs de soutien; des réparations y
étaient exécutées en décembre 1672, et, en 1716, Jean Bausire,
architecte de la Ville, remplaçait les pieux primitifs de
fondation du quai, près de la culée du Pont, et protégeait par
une crèche les soubassements du mur [2].

La partie du quai comprise entre le pont Saint-Michel et
l'ancienne pointe de la Cité fut la première à se construire et
c'est là que, dès le début, vinrent se loger des joailliers
orfèvres qui donnèrent leur nom au nouveau quai, comme ils
l'avaient déjà donné, au XVIe siècle, à la rue située près du
Pont-Neuf, sur la rive droite, où se trouvaient leur maison
corporative et un hospice pour orfèvres pauvres et malades [3].

Avant le début du XVIIe siècle, les orfèvres étaient installés
sur des ponts voisins du Pont-Neuf, en vertu de droits très
anciens, puisqu'une ordonnance de Louis le Jeune, en 1141,
avait concédé les maisons du nouveau Pont-au-Change d'un
côté aux orfèvres et de l'autre aux changeurs. Au XIIIe siècle,
presque tous les orfèvres étaient établis sur le Pont-au-
Change et, deux cents ans plus tard, ils occupaient aussi la
majorité des maisons construites sur le Petit-Pont où, malgré
les écroulements et les incendies, ils revenaient toujours.
Mais le Pont-au-Change ayant été l'objet d'importantes
réparations ordonnées par lettres patentes du 16 janvier 1566
du roi Charles IX, il est vraisemblable qu'un certain nombre
de changeurs et d'orfèvres profitèrent de l'occasion pour
s'installer ailleurs. Les changeurs étaient, eux aussi, pour la
plupart, de proches voisins du nouveau quai : Jean Taranne,

<hr>

(1) Arch. Nat., Z¹F 1065, fol. 127.

(2) Bibl. de l'Institut, Con Godefroy n° 352, fol. 2 et *Procès-verbaux de l'Acie d'Architecture*, t. V, p. 12.

(3) C'est dans cette rue des Orfèvres, que la corporation avait élevé, vers 1399, une
petite chapelle de Saint-Éloi ou des Orfèvres, qui fut reconstruite entre 1550 et 1566.
V. Baron J. Pichon. *Notes sur la chapelle des Orfèvres*, dans *Mém. de la Soc. d'Hist. de
Paris*, t. IX (1882), p. 98.

sous le règne de Charles VI, était, avec Michel de Lallier, concessionnaire des trente-deux loges édifiées sur le pont Saint-Michel.

Il est très probable que ces raisons de voisinage prévalurent fortement lorsque fut créé le nouveau quai. Les orfèvres ou changeurs qui s'y transportèrent ne s'éloignaient pas sensiblement du quartier où leur clientèle avait l'habitude de venir les trouver et ils y gagnaient d'y avoir des installations d'autant plus avantageuses que la plupart construisirent à leurs frais une grande partie des maisons en bordure du petit bras. Le souvenir de la participation importante prise à la construction du Pont-Neuf par Claude Marcel [1] ne pouvait d'ailleurs que les engager à s'y fixer à proximité, car l'ancien prévôt des marchands et contrôleur général des finances de Henri III avait été lui-même marchand orfèvre sur le Pont-au-Change.

Durant tout ce temps, le Pont-Neuf se terminait et la nouvelle pointe de la Cité, avec le terre-plein vide encore, prenait une forme et une figure définitives.[2] Mais le vaste terrain de forme triangulaire, compris entre le pont et le Palais, n'en paraissait que plus abandonné et plus laid, avec ses matériaux destinés au Pont-Neuf, dont les entrepreneurs l'encombraient continuellement. Il était naturel qu'on pensât à lui donner meilleur aspect et à l'utiliser en fonction même du nouveau moyen de circulation qui passait à sa pointe. Mais il faut se rappeler aussi que c'est vers 1604-1605 que Marie de Médicis eut l'idée de faire cadeau à la ville de Paris d'une statue équestre de Henri IV qui devait être placée sur le terre-plein du pont, à l'extrémité de la Cité; elle manifestait pour cet emplacement une prédilection spéciale, précisant, tout au début de ce projet, qu'elle souhaitait faire poser le monument « sur la place que l'on accommode exprès sur le Pont-

---

(1) Claude Marcel était mort depuis 1590.

(2) Les nouveaux bâtiments du Palais de Justice, édifiés sur le quai des Orfèvres, depuis 1844, ont fait disparaître l'ancien hôtel du bailliage du Palais, dont le jardin s'étendait jusqu'en 1671, jusqu'à la rue de Harlay.

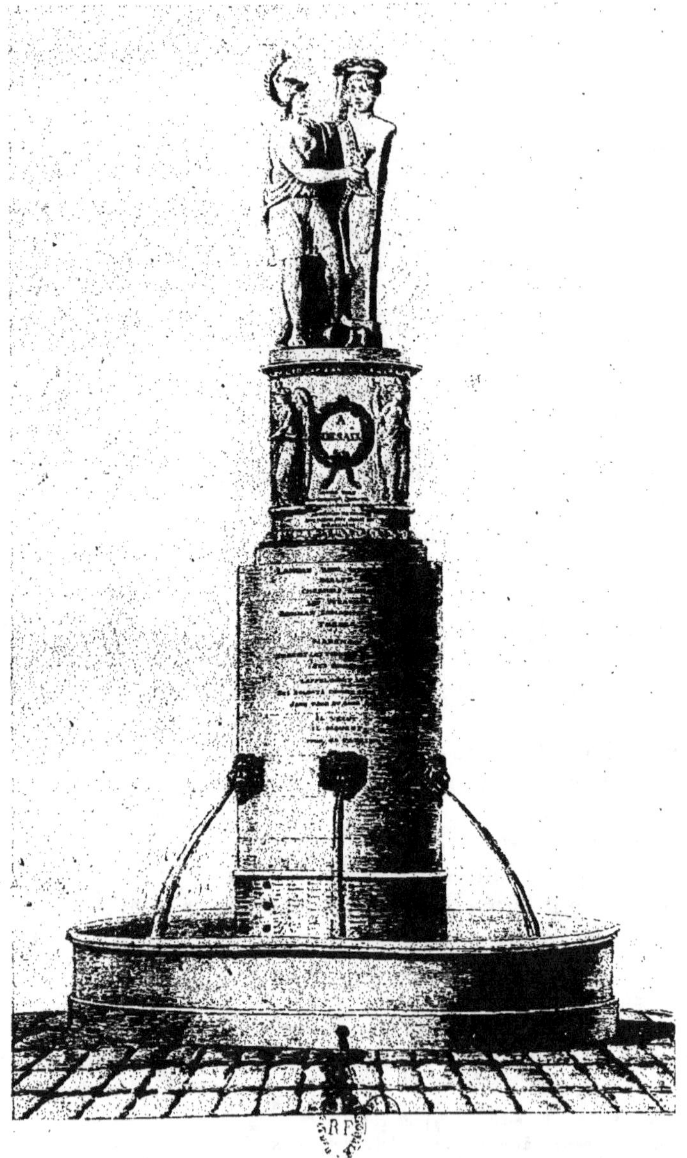

Fontaine élevée à la mémoire de DESAIX, place Dauphine, en 1802.

PL. 34.

Neuf à Paris, lequel s'en va être parfait ». Si le terre-plein lui-même fut aménagé en vue de recevoir la statue royale, il n'est pas exagéré de supposer que l'entreprise de la place Dauphine doit aussi quelque chose au projet de la reine.

La première idée de la création de la place Dauphine semble bien devoir revenir à Henri IV qui en aurait tracé lui-même le plan triangulaire. « Le roy », dit l'Estoile, « s'estant transporté luy-mesme, en a donné le plan. Ce lieu estoit auparavant inutile, et à l'avenir servira aux banquiers et marchands pour faire plus aisément leur commerce à la sortie du Palais [1] ». Car la place nouvelle paraissait, au début, destinée à devenir un lieu de bourse et de change.

Les travaux d'établissement menaçaient d'ailleurs d'être coûteux; ils nécessitaient des terrassements considérables, tant pour combler les anciens bras des îles réunies à la pointe de la Cité, que pour mettre le terrain au niveau du Pont-Neuf; enfin il fallait y élever des constructions importantes. Il n'est pas étonnant que le roi ait cherché à s'en remettre à quelqu'un d'autre de ces travaux onéreux. Comme le premier président du Parlement avait, de par sa fonction, une sorte de droit de préférence sur ce terrain voisin du Palais, c'est vers lui que Henri IV se tourna.

Le terrain de la future place Dauphine, compris entre le pont, les deux quais et le bas du jardin du Bailliage, soit une superficie de 3.120 toises, fit donc, le 18 mars 1607, l'objet d'un bail à cens et rente en faveur de Achille de Harlay, premier président au Parlement de Paris, moyennant 156 livres de redevance annuelle et à la charge par ce dernier d'y faire bâtir suivant les plans et devis qui devaient être arrêtés par le duc de Sully, grand voyer de France [2]. Achille de Harlay, fils de Christophe de Harlay, avait vu construire le Pont-Neuf, depuis qu'en novembre 1582 il était devenu premier président, après la mort de Christophe de Thou dont il avait

(1) L'Estoile, *Journal*, t. X p. 390.
(2) *Actes de Sully*, p. 23, n° VIII.

épousé la fille en mai 1568 : il était, au dire de Hardouin de Pérefixe, « si grave et si disert que tout ce qui sortait de sa bouche semblait sortir de celle de la justice même [1] ». Si le choix d'un homme aussi solennel, en tant que constructeur d'une place, peut paraître bizarre, il convient de se rappeler sa parenté avec Nicolas de Harlay, qui avait été surintendant des bâtiments de 1595 à 1600 : le bénéfice le plus évident de l'opération consistait, pour Achille de Harlay, à voir donner son nom à la rue projetée entre le Palais et le côté Est de la place; c'est ainsi que la rue de Harlay marque aujourd'hui encore l'endroit de la soudure entre l'ancienne Cité et les deux îlots » [2].

L'affaire ainsi envisagée se présentait en somme comme une obligation à l'égard du Roi et si le contrat fut ratifié par lettres patentes du 28 mars, on constate aussi que le président de Harlay ne se résolut que difficilement à entreprendre les travaux; le retard qu'il y apporta motiva en effet la lettre suivante de Henri IV à Sully :

« Mon amy, je fais ce mot pour vous dire qu'incontinent que vous l'aurez receu, vous voyiez Monsieur le Premier Président pour résoudre la place Dauphine, selon le dessein que vous m'en aves montré, afin qu'elle soit faite en trois ans. Que s'il ne le veut faire, trouvés quelqu'autre qui l'entreprenne et luy dites qu'il aura le profit du fonds. [3] »

Grâce à cette lettre impérative qui baptisait la nouvelle place de « Dauphine » avant même qu'elle fût née, le contrat fut enregistré définitivement le 15 novembre 1607.

Les travaux furent précédés d'un mesurage exécuté par Jean Fontaine [4], maître des œuvres de charpenterie et bâtiments du roi, commis du grand voyer de France, et par Louis Marchant, maître des œuvres de maçonneries du roi, son

---

(1) Achille de Harlay mourut le 29 octobre 1616.

(2) La rue de Harlay a été modifiée pour faire place à la façade du Palais de Justice élevée par Duc de 1860 à 1875.

(3) Sully, *Œconomies royales*, III, XXIII.

(4) Jean Fontaine avait épousé Jeanne Chambiges, sœur de Pierre Chambiges et de Denise Chambiges, celle-ci mariée à Louis Marchant.

beau-frère, fils de Guillaume Marchant. Quelques-uns des noms des entrepreneurs du Pont-Neuf se retrouvent ainsi, à l'occasion de la construction de la place Dauphine; c'est d'ailleurs l'un des quatre associés du pont, François Petit, qui édifia les trente-deux maisons situées en bordure de la place même, selon les plans du grand voyer de France [1].

Les constructions s'élevèrent assez rapidement, si bien que, dans une lettre à Peiresc, datée du 3 octobre 1608, Malherbe constate les embellissements faits dans cette région : « Si vous revenez à Paris, d'ici à deux ans, vous ne le reconnoîtrez plus... Mais le plus grand changement est en l'isle du Palais où l'on fait un quai qui va du Pont-Neuf au bout du pont Saint-Michel. On fait en cette même isle une place que l'on appellera, à ce qu'on dit, la place Dauphine, qui sera très belle et bien plus fréquentée que la Royale... [2] ».

Mais, si le Président de Harlay avait reçu la faculté, — assez impérative, — d'élever la rue de Harlay et l'intérieur de la place Dauphine, aucune charge équivalente ne lui avait été imposée en ce qui concernait les quais Nord et Sud de la pointe, et les deux côtés extérieurs du triangle formé par la place demeuraient inachevés. C'est pour remédier à cet lacune que le roi, en 1611, accorda le droit de construire des maisons sur ces deux quais, au président Pierre Jeannin [3] alors conseiller d'Etat et contrôleur général des finances, moyennant une rente annuelle de 1 sol par toise occupée. Le 20 août 1611, Jeannin présentait une requête au Conseil afin que le prévôt des marchands et les échevins reçussent l'ordre de visiter les lieux avec les maîtres des œuvres; cet ordre ne fut donné que le 20 décembre suivant et la visite eut lieu le 24 janvier 1612.

(1) Le Terrier royal conservé aux Archives Nationales (Q¹ᵃ 1099-1), contient le plan détaillé de la place en 1700 avec les noms de tous les propriétaires des maisons.

(2) *Lettres de Malherbe à Peiresc*, p. 61.

(3) Pierre Jeannin, qui fut premier président au Parlement de Dijon, avait suivi autrefois le parti de la Ligue; mais il n'en eut pas moins la faveur de Henri IV, que lui continua Marie de Médicis. Il mourut le 31 octobre 1622, à l'âge de 82 ans.

Ce jour-là, Jeannin présenta ses « desseings et plan » au prévôt Jacques Sanguin, à Pierre Guillain et Julien Pourrat, maîtres des œuvres de maçonnerie et charpenterie de la Ville, à Nicolas Bourguillot et Nicolas Raince, maîtres des ponts, à Jehan Eustache, de Nantes, et Nicolas Roussel, de Compiègne, tous deux voituriers par eau. Ses plans furent acceptés et autorisation de construire lui fut accordée; il est curieux d'y relever qu'on prévoyait alors une saillie des maisons de trois à quatre pieds au-dessus de la rivière [1].

Au point de vue architectural, aucune transformation ne modifia la physionomie de la place Dauphine jusqu'en 1802 où un monument assez inattendu fut édifié en son centre ; c'était une fontaine monumentale élevée par souscription à la gloire du général Desaix, tué à Marengo deux ans auparavant. Le projet de monument, mis au concours en 1801, avait attiré un grand nombre de concurrents dont les modèles dessinés ou sculptés furent exposés chez le peintre Lebrun. Percier donna le dessin général du monument et Augustin Félix Fortin l'exécuta, sculptant au sommet une France guerrière qui tenait une couronne au-dessus du buste du général ; un piédestal de forme cylindrique orné de bas-reliefs supportait ce groupe [2] ; en dessous, quatre têtes de lions déversaient dans un bassin circulaire l'eau que fournissait un bélier hydraulique placé sous le Pont-Neuf. Le monument coûta 47.000 francs sur lesquels 19.000 furent versés par l'armée d'Egypte seule ; le reste provenait de souscriptions. Le 25 prairial an XI, jour anniversaire de Marengo et de la mort de Desaix, le Premier Consul inaugura le monument qui ne fut enlevé de la place Dauphine qu'en 1875.

Presque en même temps que le quai des Orfèvres, on achevait son pendant au Nord; dans la partie voisine du Palais, ce dernier s'appelait quai des Morfondus, peut-être en sou-

[1] *Reg. du Bureau*, t. XV, p. 95-96 et 126-129.

[2] Une partie du piédestal existe encore dans les collections lapidaires du Musée Carnavalet. La statue même a été transportée à Riom, pays natal de Desaix, en 1904.

venir des plaideurs qui passaient là leurs attentes, et, dans
la partie plus rapprochée du Pont-Neuf, il fut dénommé quai
des Lunettes dès qu'un certain nombre d'opticiens s'y furent
installés. Les lunettiers qui, sous Henri IV, logeaient leur
industrie nouvelle sur le Pont-Marchant, entre le Pont-Neuf
et le Pont-au-Change, commencèrent à venir s'établir sur ce
quai seulement après 1621, lorsqu'un incendie eut détruit le
Pont-Marchant. Ce quai Nord, plus froid mais plus également
éclairé, convenait à des métiers de lunettiers, de fabricants
d'instruments d'astronomie ou de mathématiques, mais moins,
semble-t-il, à ces bains froids qui, au milieu du XVIIIe siècle,
s'y installèrent aussi, en Seine, au pied du quai. Entièrement
recouverts d'une toile, ils avaient douze toises de long sur
deux de large et étaient constitués fort simplement par une
vingtaine de pieux enfoncés dans la rivière et reliés ensemble
par des planches. Le prix du bain était de trois sous; le linge
se payait à part : un sou pour une serviette du côté des hommes,
trois sous pour une chemise du côté des femmes [1]. Lorsqu'elle
habitait à l'angle du quai et de la rue de Harlay [2], comme
semble l'indiquer son acte de mariage, la future Mme Roland,
alors Manon Phlipon, dut bien souvent se distraire du spec-
tacle des bains, le long de ce quai dont certaines toiles de
La Peigna nous ont conservé l'aspect pittoresque [3].

Tout l'ensemble des quais, berges, descentes, etc., de cette
pointe de la Cité subit bien souvent des modifications de détail,
au cours des travaux qu'on y effectua depuis le XVIIe siècle,
sans que l'aspect général en souffrit. Parmi tous ces travaux,
il est intéressant de signaler tout particulièrement ceux qui
concernèrent le terre-plein au début de la Révolution. Dans
l'immense quantité de matériaux que fournit alors la démo-

(1) Jèze, *Etat ou tableau de Paris* (1760), p. 336.
(2) Sur cette question de la maison qu'aurait habité Manon Phlipon, de nombreuses
controverses se sont élevées et nous ne pouvons ici que renvoyer aux études d'Edme Cham-
pion et de Claude Perroud, publiées toutes deux dans *la Révolution Française*, la première
en 1888 (juillet-décembre) la seconde en 1909 (avril).
(3) Le Musée de Vienne (Autriche) possède de lui deux vues intéressantes du grand bras.

lition de la Bastille, certains furent utilisés, — on le sait, — pour des travaux publics. Il semble bien que, seule, la tradition affirme que le pont de la Concorde, entrepris en 1787 sous la conduite du célèbre ingénieur Perronet, ait été achevé en 1791 avec des pierres de la Bastille; au contraire, des documents officiels conservent trace des travaux effectués au Pont-Neuf, dès le mois de novembre 1789 et l'on y relève que le dessus du terre-plein fut refait par les ouvriers de l'entrepreneur Palloy, le fameux démolisseur de la Bastille, avec des matériaux provenant de la vieille forteresse, sous la direction de l'architecte Poyet [1].

Au pied même du terre-plein, une languette de terre s'étalait dès la construction du pont, dernier reste de l'île aux Bureau. Cette minime pointe de terrain que les alluvions grossirent peu à peu subsista jusqu'au début du XXᵉ siècle utilisée surtout par les amateurs de pleine eau ou, même, s'il faut en croire une aquarelle du chevalier de Lespinasse [2], servant de chantier de construction pour des bateaux. Il est probable que les bains Vigier contribuèrent à l'amélioration de ce terrain qui fut l'objet de travaux plus importants en 1856. Mais il avait, dès cette date, pris figure de jardin et, avec ses arbres encore jeunes qu'a peints Canella, il composait déjà, comme aujourd'hui, un massif de verdure qui perpétue à cette pointe de la Cité, autour de Henri IV, le lointain souvenir du jardin du Roi.

LA RIVE GAUCHE :
LES QUAIS DES AUGUSTINS ET CONTI
ET LA RUE DAUPHINE

Lorsque la construction du Pont-Neuf fut décidée, c'est par la rive gauche qu'on résolut d'entamer les travaux; on trouvait en effet plus de facilités à commencer le pont du côté du petit bras, et le meilleur aménagement des quais de

(1) *Bibl. Hist. de la Ville du Paris* ms. 10.441 (dossier Palloy).
(2) Musée Carnavalet.

Les bains Vigier du Pont-Neuf, vers 1830. — (*Musée Carnavalet.*)

PL. 35.

cette voie offrait de grandes commodités pour le transport des matériaux destinés au monument.

Cette partie de la rive gauche possédait en effet le privilège d'être bordée d'un des meilleurs quais de Paris, le quai des Augustins (aujourd'hui quai des Grands-Augustins). C'était autrefois un ancien « chemin sur Saine » où Philippe le Bel fit établir, en 1313, le premier quai de la capitale qui ait été défendu contre les grandes eaux par un mur de soutènement : ce quai fut alors construit depuis l'hôtel de Nesle que le roi possédait déjà, jusqu'à l'angle de la rue Gille-le-Queux (aujourd'hui Gît-le-Cœur). D'après les plans des XVIe et XVIIe siècles, c'était une large chaussée soutenue par une solide muraille.

La construction du Pont-Neuf amena un certain nombre de modifications à l'extrémité Ouest du quai des Augustins : on la releva en un plan incliné qui se raccordait également au niveau de la nouvelle rue Dauphine. Les travaux du pont entraînèrent d'ailleurs la disparition de certains immeubles du quai : au début de 1578, la commission dans ses études sur place, envisagea leur démolition comme nécessaire et fit présenter sur ce sujet des propositions à Henri III qui les approuva dès le 20 février. « On ne se borna point alors à changer le nivellement ; on modifia en outre l'alignement en le faisant s'ouvrir vers le Pont-Neuf [2] ».

En juillet 1579, on décidait de démolir le quai des Augustins pour établir la culée Sud du pont ; les travaux commençaient à la fin du même mois et étaient achevés vers le milieu de 1581 puisque la commission faisait alors établir le devis du quai « au devant du logis de Monsieur de Nevers [3] ».

Le Pont-Neuf fit même plus que modifier le quai des Augustins : il lui donna son nom, ainsi qu'à la descente opposée,

---

(1) Non pas le « 2 » comme le dit R. de Lasteyrie, *op. cit.*, p. 34.

(2) Berty et Tisserand, *Topographie hist. du Vieux Paris (Région occid. de l'Université).* p. 200.

(3) Arch. Nat. Z¹F 1065, fol. 4 v·, 6 v·, 13 v·, 42 v·.

jusqu'à la rue Guénégaud. Durant les deux premiers tiers du XVIIe siècle, cette partie des quais s'appela en effet « *quais du Pont-Neuf* » ; ce n'est qu'en 1670 que la partie occidentale reçut la dénomination de quai Conti, à l'occasion de la construction de cet hôtel sur l'emplacement de celui de Guénégaud.

D'importantes réparations furent exécutées par la municipalité sur le quai des Augustins, peu après 1660. On le reconstruisit par la suite en très grande partie, dans le courant de 1708, mais, depuis cette date, avec l'établissement d'un trottoir en contre-haut, il n'y a guère à noter à son sujet que la disparition des tourelles et des descentes. Les échoppes qui, de loin en loin, s'adossaient à la muraille, furent supprimées postérieurement à l'achèvement du Pont-Neuf.

Ce dernier ne modifia pas seulement la physionomie des quais de la rive gauche ; il les sépara par son débouché plus nettement qu'ils ne l'étaient auparavant, et, de la partie intégrante du quai des Augustins allant jusqu'à la rue Guénégaud, il fit — on l'a vu — un nouveau quai, confondu d'abord avec l'ancien sous le nom de quai du Pont-Neuf, puis distingué sous celui de quai Conti, à partir de 1670 ; la rue Guénégaud représentait de ce côté la limite de l'ancien enclos de Nesle. Des travaux assez importants y furent engagés, vers le milieu du XVIIe siècle, à la suite de la réfection de la porte de Nesle ; le prolongement du quai nécessitait, vers 1659, l'expropriation d'un certain nombre de maisons construites entre le Pont-Neuf et la porte de Nesle [1] et, en 1662, au moment de la construction du collège Mazarin, il fut cause d'un désaccord passager entre la ville et l'architecte Le Vau qui voulait une modification de son tracé. La construction du Pont-Neuf eut donc pour première conséquence la régularisation du quai Conti ; mais on peut se demander si, sans le Pont-Neuf, Mazarin eut songé à faire élever le collège des Quatre Nations, qui se serait trouvé bien isolé du Louvre.

La rectification du quai amena la démolition d'un bâtiment

---

[1] Bibl. de la Ch. des Députés, ms. n° 338, fol. 277.

curieux, le Château-Gaillard, situé à peu près vis-à-vis du débouché de la rue Guénégaud, sur le bord même du fleuve, par conséquent dans la région la plus voisine du Pont-Neuf. C'était une maison assez importante qui devait son nom à une tourelle en encorbellement au-dessus du fleuve : elle n'était peut-être qu'une ancienne dépendance du vieil hôtel de Nesle. Vers 1655, le nouveau propriétaire de la plus grande partie de l'enclos de Nesle, Henri de Guénégaud, secrétaire d'Etat, obtint de la municipalité qu'on régularisât les abords de son hôtel, « pour l'embellissement et décoration de la ville ». La démolition du Château-Gaillard, en face duquel jouait Brioché, fut alors décidée et si elle ne fut complètement réalisée qu'en 1675, on voit que, vingt ans plus tôt, son éventualité permettait d'entamer le prolongement et l'élargissement du quai Conti ; les matériaux provenant de la démolition du Château-Gaillard furent utilisés d'ailleurs dans la réfection du quai. Avec la disparition de ce vieux bâtiment, le Pont-Neuf voyait se constituer, sur la rive gauche, l'essentiel du décor actuel de ses abords [1].

Mais l'aménagement des quais ne fut pas la seule transformation que la construction du Pont-Neuf apporta dans cette région de Paris : l'ouverture de plusieurs rues en fut aussi la conséquence logique. A l'image des quais ouverts à la pointe de la Cité, on créa des débouchés au Sud du Pont-Neuf pour établir une communication entre la Cité et la région de Saint-Germain-des-Prés.

« Le mardi 6 février (1607) », écrit L'Estoile, « notre Roy voyant que le Pont-Neuf estoit parachevé, sur lequel lui-même estoit passé plusieurs fois..., chargea les commissaires du pont de faire ouvrir une rue de cinq toises de largeur au bout du pont [2]. » La voie nouvelle fut appelée *rue Dauphine*, en mémoire de la naissance du fils aîné du roi, le futur Louis XIII,

---

(1) Pour l'histoire de la partie du quai Conti située plus en aval, v. F. Mazerolle, *La Monnaie*.

(2) L'Estoile, *Journal*, t. VIII, p. 359.

alors Dauphin de France. Là, comme à la place Dauphine, Henri IV eut habilement recours à un groupe de particuliers qui avaient à leur tête un certain Nicolas Carvel. Cette compagnie acheta, dès 1606, moyennant 76.500 livres, l'ancien collège des abbés de Saint-Denis et une ruelle touchant à l'hôtel de Nevers ; grâce à la protection du roi, elle fit aussi, moyennant 30.000 livres, l'acquisition d'une partie du jardin des Augustins. Malgré les avantages de dégagement qu'y trouvait leur communauté, les Augustins se plaignirent au roi d'être presque totalement privés d'un jardin ; l'on connaît la vive et amusante réplique que Henri IV leur fit d'après L'Estoile : « Ventre Saint-Gris, mes pères, l'argent que vous retirerez du revenu de mes maisons vaut bien des choux !... »

Ouverte d'abord jusqu'à la porte Dauphine seulement, la rue Dauphine fut ensuite prolongée au-delà par l'entreprise d'un sieur Edme Ravière. Le Palais du Luxembourg n'existait pas encore, sinon peut-être Marie de Médicis eut-elle obtenu de faire continuer la rue nouvelle jusque là. La porte Dauphine fut démolie en 1673 : c'est le fait le plus saillant à relever dans l'histoire de la rue qui, sous la Révolution, reçut de la Commune de Paris, le 4 frimaire an I, le nom de rue de Thionville, ainsi que sa voisine, la place de la Cité : la Restauration a rendu à la rue Dauphine son ancienne appellation.

Prolongeant le Pont-Neuf, la rue Dauphine devint naturellement la plus importante des rues ouvertes dans cette région à l'occasion de l'achèvement du Pont-Neuf. Cela ne doit pas faire oublier les autres, les rues d'Anjou-Dauphine, Christine et de Nevers, qui furent les dégagements nécessaires réalisés à droite et à gauche de la rue Dauphine ; « entre autres », dit Du Breul, « a esté bâtie de neuf la rue Dauphine... accompagnée de trois ou quatre autres nouvelles rues et, le long d'icelles, grand nombre de maisons belles et spacieuses [1]. »

(1) Du Breul, *Antiq. de Paris*, p. 367.

A l'ouest, la rue d'Anjou-Dauphine, aujourd'hui rue de Nesle, fut percée en 1607 à travers les jardins du collège des abbés de Saint-Denis et nommée ainsi, l'année suivante, à l'occasion de la naissance de Gaston-Jean-Baptiste de France, troisième fils de Henri IV, qui reçut alors le titre de duc d'Anjou (25 avril 1608)[1]. La rue de Nevers, qui prolonge la rue de Nesle jusqu'à la Seine en retour d'équerre, est, par contre, une ancienne ruelle qui servait d'écoulement aux eaux provenant de la maison des frères Sachets et des jardins du collège de Saint-Denis; elle fut régularisée lors de l'achèvement du Pont-Neuf et du percement de la rue Dauphine.

A l'est de cette dernière, la rue Christine fut tracée, en pendant à la rue d'Anjou, pour faire communiquer entre elles la voie nouvelle, la rue Dauphine, et celle, plus ancienne, des Grands-Augustins. La rue Christine fut, comme celle d'Anjou, ouverte en 1607 et reçut le nom de Christine de France, la seconde fille de Henri IV et de Marie de Médicis, née le 10 février 1606; elle passa sur des terrains dépendant du collège de Saint-Denis et du couvent des Augustins.

Tout ce groupe de voies nouvelles se borda rapidement de constructions neuves qui transformèrent la physionomie de ce vieux coin de la région de l'Université. Du Breul, témoin de leur naissance, constate qu'il y avait, le long de ces rues, « grand nombre de maisons belles et spacieuses, d'une telle structure et ordonnance, que la vue extérieure en est fort agréable; tous lesquels bastiments ayant esté commencés et achevés du règne de nostre défunt Roy, porteront tesmoignage à la postérité combien Sa Majesté a esté soigneux de l'embellissement de cette ville de Paris, la capitale de son royaume. »[2] C'était vrai et, du haut de son socle, le Béarnais pouvait déjà être fier d'avoir fait, dans ce vieux quartier de Paris, œuvre d'administrateur moderne.

(1) Après la mort de son frère aîné, Gaston de France prit le titre de duc d'Orléans.
(2) Du Breul, *Antiq. de Paris*, p. 519.

LA RIVE DROITE :
LES QUAIS DE LA MÉGISSERIE
ET DE L'ÉCOLE

La construction du Pont-Neuf eut comme conséquence, sur la rive droite, de mettre en communication la Cité, et par suite la rive gauche, avec deux régions de Paris importantes au double point de vue économique et politique : à l'est, avec le quartier commercial des Halles et de la rue Saint-Honoré, à l'ouest, avec le palais royal du Louvre et les Tuileries. Les deux quais qui se trouvaient en bordure de la Seine à droite et à gauche du débouché du Pont-Neuf retirèrent donc de la création de ce dernier un avantage immédiat et encore plus considérable que leurs pendants de la rive gauche, car ils étaient jusqu'alors beaucoup moins favorisés.

Entre le futur débouché du Pont-Neuf et le Pont-au-Change, le quai — aujourd'hui de la Mégisserie — allait primitivement en pente douce vers la Seine en formant des basses-cours et des jardins, si bien que pour se rendre de la Cité au Louvre il fallait passer plus au nord, par la rue Saint-Germain-l'Auxerrois. Sa première dénomination de *quai de la Saunerie* lui vint du voisinage de l'ancienne maison de la Marchandise du Sel, située rue des Orfèvres. D'après un compte du payeur des œuvres de la Ville, le quai de la Saunerie fut fait, c'est-à-dire probablement revêtu de maçonnerie, vers 1369; le port au Foin, depuis place des Trois-Maries, fut pavé l'année suivante.

La construction du Pont-Neuf amena d'importants changements dans cette région. En effet, dans le rapport du 3 mars 1578, en même temps qu'ils établissaient le projet détaillé du pont, les experts consultés concluaient à la nécessité d'exproprier et de démolir quelques maisons sur la rive droite, pour faciliter la circulation et embellir les abords du monument. Ils désignaient en particulier, pour être abattue, la

Bacler d'Albe. — Le quai de l'Ecole et le Pont-Neuf, vers 1830.

Pl. 36.

maison « où pend pour enseigne l'Image Saint-Nicolas », à l'angle de la ruelle du Port-au-Foin et du quai de la Mégisserie, ce qui devait permettre d'entrer directement dans la rue de la Monnaie. Allant plus loin et envisageant qu'il plût « à la Majesté du Roi faire une belle place devant ledit pont, » ils recommandaient aussi de démolir les cinq maisons situées sur le quai de la Mégisserie, entre la ruelle du Port-au-Foin et le port de l'Ecole, et en profondeur, jusqu'à la rue Saint-Germain. « En quoi faisant, y auroit à l'endroit dudit pont et dudit port de l'Escolle une grande place, qui donneroit une grande décoration à la ville, au milieu de laquelle se pourra asseoir et planter une pyramide ou autre pour la mémoire. » [1]

Les démolitions envisagées firent l'objet d'un rapport que Claude Marcel présenta au roi, le 20 février 1578 ; Henri III déclara que « pour une œuvre si nécessaire qu'icelluy pont, regardant le bien et commodité du public, il ne se falloit arrester aux incommoditez d'aucuns particuliers », et ordonna la démolition des immeubles visés [2]. C'est ainsi que fut formée la place des Trois-Maries qui n'a été supprimée qu'en 1882. Quant au quai lui-même, il profita d'améliorations qui furent souvent communes à plusieurs voies de cette région. Dans l'emprunt nouveau dont la demande était présentée, le 9 août 1708, au contrôleur général, par M. d'Orsay, figuraient ainsi, parmi les travaux projetés, le rétablissement des descentes du quai de la Mégisserie, l'aménagement des trottoirs et parapets du quai des Orfèvres, la suppression des trois grandes descentes le long du quai de l'Ecole et la construction de trois autres au dedans du bassin de la rivière ; le rétablissement et relèvement des murs du parapet de ce quai, le rétablissement du port aux Meuniers et de l'abreuvoir Pépin, quai de la Mégisserie [3]. En l'an XI, on rectifiait définitivement son alignement et on augmentait son importance en l'élargissant de 1833 à 1835 ; un

(1) R. de Lasteyrie, *op. cit.*, p. 29.
(2) *Ibid.*, p. 34.
(3) A. de Boislile, *Correspondance des contrôleurs généraux* t. III, n° 129.

nouveau mur de parapet y fut alors construit et divers travaux
de nivellement, de trottoirs et des plantations lui donnèrent
enfin son aspect d'aujourd'hui.

La dénomination actuelle du quai de la Mégisserie rappelle
seule, de nos jours, que dès la fin du XIIIe siècle, la partie occidentale du quai était occupée par des mégissiers que des
règlements de police éloignaient déjà du centre de Paris, de
la Cité[1]. Mais en 1673, des lettres patentes ordonnèrent leur
transfert dans le faubourg Saint-Marcel et du côté de Chaillot
et une ordonnance de police du 20 octobre 1702 leur interdit
définitivement de laver leurs cuirs dans la Seine ; leurs
places furent occupées en majorité par des marchands de
vieux fers et le quai prit très souvent, au XVIIe siècle, le nom
de « quai de la Ferraille. »

La proximité du Pont-Neuf y attira toutes sortes de marchands. Sous Louis XV, un marché de fleurs, oignons,
graines et arbustes s'y installait en plein air, deux fois par
semaine ; ses tenanciers furent ainsi les prédécesseurs des
nombreuses maisons d'horticulture qui y sont établies aujour-
d'hui encore. Jusqu'au début du premier Empire, il y jeta ses
notes vives, puis fut transporté, en 1809, à son emplacement
actuel, dans la Cité. Par contre, la construction du Pont-Neuf
chassa du quai de la Mégisserie, en mars 1641, le vieux marché
de la volaille qui s'y tenait depuis le XIIIe siècle ; une ordonnance du prévôt de Paris qui décidait son transfert rue des
Petits-Champs, notait alors qu'on ne pouvait plus le tenir
sur son ancien emplacement, « à cause des pierres et autres
matériaux que les entrepreneurs du nouveau pont avoient fait
mettre en ladite place[2]. »

Quant au quai de l'Ecole, aujourd'hui quai du Louvre, qui
commençait à la hauteur du Pont-Neuf et se terminait en face

(1) Aux XIVe et XVe siècles, presque tous les mégissiers habitaient en effet la paroisse
Saint-Germain l'Auxerrois où ils fêtaient chaque année, le 12 juillet, leur patronne, Sainte
Madeleine.

(2) P.-M. Bondois. *Le Commerce des beurres et des œufs sous l'ancien régime*, dans
Mémoires et documents pour servir à l'histoire du commerce et de l'industrie p. 287-289.

de la rue d'Autriche, dans le prolongement de la rue de l'Oratoire, c'était primitivement un simple chemin de halage prolongeant la route de Chaillot. Son nom lui vint d'une école dépendant de Saint-Germain-l'Auxerrois. Il est probable qu'il comportait un revêtement de maçonnerie dès la fin du XIVe siècle; si, au commencement du XVIe siècle, il restait dans son ensemble un chemin défoncé et mal nivelé, il était certainement renforcé d'un mur de soutènement dans sa partie voisine du Louvre. Près du palais, il offrait une largeur suffisante, en 1539, pour contenir plusieurs milliers de personnes qui venaient y voir les soldats suisses et français s'exercer au jet de la pierre [1]. Dans sa partie ouest se trouvait un petit escalier en pierre qui figure déjà sur le tableau du Palais de Justice et disparut également en 1719; c'est lui, semble-t-il, qu'on appelait *la descente du Passeur*, en 1602 [2] : il témoignait là de l'existence déjà ancienne d'un bac dont différentes lettres patentes et ordonnances relèvent la trace au cours du XVIe siècle [3].

La construction du Pont-Neuf amena certaines rectifications dans le tracé du quai, mais, surtout, elle fut cause de son relèvement, destiné à le mettre au niveau du débouché nord du pont ; celui-ci n'en conserva pas moins durant fort longtemps, comme le débouché sud, du reste, une différence de niveau très sensible entre les trottoirs et la chaussée. Des lettres patentes du 25 mars 1719 ordonnèrent son élargissement et sa réfection ; c'est alors que disparurent certaines des anciennes descentes qu'il avait conservées.

Moins heureux que ceux de la rive gauche, les quais de la Mégisserie et du Louvre ont vu se transformer très rapidement les immeubles qui les bordaient. Aujourd'hui, un petit bloc de vieilles maisons, datant pour la plupart du XVIIIe siècle subsiste seul entre la place de l'Ecole et la rue du Pont-

(1) Ed. Fournier, *op. cit.* p. 113.
(2) Berty, *Top. hist. du vieux Paris*, t. I. p. 32.
(3) V. *supra* p. 76.

Neuf; c'est là que l'abbé Le Blanc, en avril 1734, écrivait dans sa mansarde : « Je puis dire que j'ai pour tout meuble l'une des plus belles vues de Paris : c'est celle du Pont-Neuf et de la rivière [1]. » C'est de là aussi que C.-L. Maréchal prenait en 1778, pour M. Cuvillier, gouverneur de la Samaritaine, une vue d'ensemble du Pont-Neuf et de la pompe que J.-M. Moreau le jeune compléta en l'animant de petits personnages [2].

Dans quelques mois peut-être, l'aspect de ce coin de Paris sera définitivement modifié, puisque tout ce bloc d'immeubles anciens doit disparaître pour l'élargissement du quai du Louvre. Ce jour-là, le Pont-Neuf perdra son dernier *voisin* de ce côté de l'eau. Des passants indifférents et affairés remplaceront le vieillard ou l'enfant à la fenêtre : le pont n'entendra plus la chanson d'un oiseau dans sa cage... Et le plus triste sera vraiment qu'aucun regard, jeune ou vieux, avide d'activité ou pensif de repos, mais également passionné, ne se pose plus sur le Pont-Neuf, de là-haut, à toute heure du jour, ainsi qu'une pensée fugitive et fidèle sur le visage d'un vieil ami...

A qui le regarde maintenant avec attention, tout ce beau décor ancien que le Pont-Neuf avait créé autour de lui a subi bien des atteintes et présente de regrettables altérations dont les plus graves ont été supportées par la place Dauphine;

(1) Ed. et J. de Goncourt, *Portraits intimes du xviii° siècle*, 1″ série, p. 61.

(2) Con de M. David Weill ; ce charmant dessin porte au dos, de la main de Maréchal, cette mention : « *Vue du Pont-Neuf, prise de la chambre noire de l'appartement du second, maison du grand balcon, au coin du quai de la Ferraille par Maréchal, en may 1778 et enrichi de figures par J.-M. Moreau, dessinateur du Cabinet du Roy. Fait pour Mr. Cuvillier, gouverneur de la Samaritaine* », v. pl. 1.

l'encombrant et laid escalier de Duc n'a rien ajouté à l'affligeante façade du Palais de Justice élevée sur les démolitions d'une partie de la rue de Harlay, et il a contribué à détruire l'ensemble unique formé en cet endroit, en harmonie avec le pont, par la « seconde place Royale » de Paris.

Aujourd'hui, à travers quelques vieilles façades qui subsistent sur le quai des Orfèvres et de l'Horloge, on imagine difficilement la symétrie rigoureuse qu'offrait cette pointe de la Cité telle que l'a gravée Claude Chatillon ; la décoration uniforme mais si pittoresque de toutes ces maisons où la pierre blanche, la brique rouge et l'ardoise bleue unissaient leur gaieté tricolore, ne peut plus s'évoquer que devant les deux pavillons extrêmes qui se dressent sur la place du Pont-Neuf, face à Henri IV, comme s'ils étaient désireux de donner à leur immobile créateur l'illusion que, derrière leurs façades, tout le passé demeure intact.

Mais, s'il est vrai que la transformation des villes obéit surtout à des nécessités économiques successives et changeantes, ces deux maisons, dont les Parisiens d'aujourd'hui ont réussi à sauvegarder l'existence, prouveraient aussi à elles seules que la vie d'une capitale ne saurait non plus s'affranchir de tout raisonnement ni de tout sentiment esthétique. Lorsque réalisant le projet du dernier des Valois, Henri IV acheva le Pont-Neuf en l'entourant de constructions dont la large conception sert de préface à notre art du XVIIᵉ siècle, il désira sans doute et chercha l'unité de cet ensemble, avec son décor un peu théâtral, pour la satisfaction de ses yeux, trop tôt fermés. Mais dans cet embellissement de sa « grand ville », il entrevit aussi les nécessités plus modernes d'un plan unique. En faisant cela, le Béarnais était un précurseur et c'est grâce à lui que le Pont-Neuf tient le premier rang, avant même la place Royale, parmi tous les grands ensembles de décoration et d'utilité publique réalisés à Paris depuis trois cents ans.

Devant cette conception architecturale où s'équilibrent si justement les données sentimentales et les raisons de l'intelligence, on songe à ce début du *Discours de la Méthode* où, trente ans après l'achèvement du Pont-Neuf et la création de son décor, Descartes parle de l'organisation des villes nouvelles et de la nécessité de les ordonner sur des plans réguliers : ne pensait-il pas, en écrivant cela, à toute cette pointe de la Cité qui constituait alors la plus complète réalisation de ses principes ?

Dans l'harmonie de son cadre, le Pont-Neuf, travail réfléchi des meilleurs architectes et acte de la volonté de deux rois, est, au début d'un siècle de rationalisme et d'art classique, l'expression la plus parfaite de l'esprit français. Paris l'a compris, qui adopta d'instinct ce dernier-né avec sa brusque et franche affection ; sur lui, sans compter, il jeta l'élan de ses passions, il répandit tout l'imprévu de sa gaieté, toute la fantaisie de ses mœurs.

Il lui apporta la vie.

François BOUCHER.

TABLE DES MATIÈRES

TABLE DES ILLUSTRATIONS

Pages

ERRATA

P. 19, ligne 23 : lire 1556 au lieu de 1356.
P. 13o, note 3 : lire 1618 au lieu de 16o8.

LE PREMIER TOME DE CET OUVRAGE,
A ÉTÉ ACHEVÉ D'IMPRIMER, LE
15 DÉCEMBRE 1925, PAR LE
GOUPY, GRAVEUR-ÉDITEUR A PARIS.
IL A ÉTÉ TIRÉ DE CETTE ÉDITION
20 EXEMPLAIRES DE LUXE HORS-
COMMERCE (A à T) ET 145 EXEM-
PLAIRES DE LUXE NUMÉROTÉS :
25 EXEMPLAIRES SUR JAPON IMPÉ-
RIAL (1 à 25). — 35 EXEMPLAIRES SUR
MADAGASCAR (26 à 60). — 85 EXEM-
PLAIRES SUR VÉLIN D'ARCHES (61 à 145)